PC CD-ROM — Das Existenzgründerkonzept

So verkaufen Sie erfolgreich Textilien und Modeartikel im Internet und über eBay

- Gründungsformalitäten
- Geschäftsalltag
- Großhandelskontakte
- Marketing & Erfolgsgeheimnisse

MWM-Verlag 2006

EUR 19.90

Existenzgründerkonzept Textil- & Modehandel

Copyright © 2006 Markus Wilde Media

Alle Rechte vorbehalten. Vervielfältigungen, auch auszugsweise, nur mit schriftlicher Genehmigung des Verlags bzw. Autors.

Gestaltung, Satz & Lektorat: Markus Wilde

Druck: Digital Publishing

Verlag: MWM, Altenstadt/Hessen

www.erfolg-mit-ebay.de

Die Inhalte dieses Buches wurden mit größter Sorgfalt erstellt. Trotzdem können weder Autor noch Verlag für eventuelle Verluste oder Nachteile, die durch die Anwendung dieser Informationen entstehen, haftbar gemacht werden.

Existenzgründerkonzept Textil- & Modehandel

Inhalt

INHALT 3

1. ERFOLGREICH TEXTILIEN UND MODEARTIKEL IM INTERNET VERKAUFEN - DIE GESCHÄFTSIDEE 5

1.1 Einleitung 5
Warum gerade Textilien & Modeartikel? 6
Zauberwort „Spezialisierung" 7
1.2 Unternehmensaufbau 8
1.3 Was spricht für den Internet-Versandhandel? 9
1.4 Der ideale Versandartikel: 10
1.5 Zahlungsmodalitäten im Online-Versandhandel 11
1.6 Kostenkalkulation 11
1.7 Quellen für weiterführende Literatur 12

EXTRATEIL: DIE WARENBEZUGSQUELLEN 16

Werksverkäufe bekannter Markenhersteller 16
Großhändler & Hersteller 18
Kontakte / Importeure / Handelsplattformen 27

2. DIE GESCHÄFTSGRÜNDUNG 28

2.1 EINE GRÜNDUNG – VIELE FRAGEN 29

3. VORAUSSETZUNGEN FÜR DEN START IN DIE SELBSTSTÄNDIGKEIT 31

3.1 PERSÖNLICHE VORAUSSETZUNGEN – POWER-TYP? 31
3.2 MATERIELLE & FINANZIELLE VORAUSSETZUNGEN 32
   3.2.1 Wenn das Eigenkapital nicht ausreicht 33
   3.2.2 Kredite für Existenzgründer 33
   Der Businessplan – grundlegend wichtig! 34
   Staatliche Fördermaßnahmen und – programme. So kommen Sie an's Geld! 34
   3.2.3 Exkurs: Günstige Kredite aus der Schweiz und Luxemburg – ein Geheimtipp! 35

4. DIE BÜROKRATISCHEN HÜRDEN 42

4.1 DIE RICHTIGE RECHTSFORM WÄHLEN 42
4.2 DIE GEWERBEANMELDUNG – JETZT GEHTS LOS! 43
4.3 WAS KOMMT NACH DER GEWERBEANMELDUNG? 44
   4.3.1 Das Finanzamt 44

Existenzgründerkonzept Textil- & Modehandel

4.3.2 Die Industrie- und Handelskammer 45
4.3.3 Berufsgenossenschaften 46

5. DIE BETRIEBLICHE BUCHFÜHRUNG – GANZ LEICHT! 47

5.1 DER EINFACHE WEG ZUR KORREKTEN BUCHFÜHRUNG 47
5.2 DIE GEEIGNETE BUCHHALTUNGSSOFTWARE – VÖLLIG KOSTENLOS! 49
5.3 STEUERN – MACHEN SIE ES SICH LEICHT! 50
    5.3.1 Umsatzsteuer (Mehrwertsteuer) 50
    5.3.2 Einkommenssteuer 51
    5.3.3 Gewerbesteuer 52
5.4 VERSICHERUNGEN – SO VIEL SICHERHEIT BRAUCHEN SIE 52
    5.4.1 Private Versicherungen 53
    5.4.2 Betriebliche Versicherungen 56

6. MARKETING – UNTERWEGS IN EIGENER SACHE 58

6.1 INTERNET-WERBUNG 58
6.2 WERBUNG IN ZEITUNGEN UND ZEITSCHRIFTEN 58
6.3 DIREKTMARKETING – KOSTENGÜNSTIG UND EFFEKTIV 75
6.4 EINE KOSTENLOSE HOMEPAGE ERSTELLEN – SO GEHTS! 75
6.5 EINEN KOSTENLOSEN WEBSHOP ERSTELLEN – SCHNELL UND EINFACH! 76
6.6 EINTRÄGE IN SUCHMASCHINEN – SEHR WICHTIG! 77
6.7 EINTRÄGE IN LINKLISTEN 78
6.8 SO KOMMEN SIE AN KUNDENADRESSEN 78
6.9 ALLES ÜBER CO-MAILING 80
    6.9.1 So sollten Angebotsprospekte aussehen 81
6.10 KOSTENLOS UND EFFEKTIV WERBEN! 85
    6.10.1 Kostenlose Zeitungswerbung 86
    6.10.2 Werden Sie selbst Verleger! 93
    6.10.3 Kostenlose Prospektwerbung mit Provisions-Prospekten 97
    6.10.4 Ideen zur Verbreitung von Werbemedien 99
    6.10.5 Gratiswerbung im Ausland 100
    6.10.6 Telefonwerbung 104
    6.10.7 Werbung per CD-ROM 106
    6.10.8 Werben durch Empfehlungen 107
    6.10.9 Kostenlose Werbung in Rundfunk und Fernsehen 109
    6.10.11 Nutzen Sie auch das Auto als Werbemedium 116
    6.10.12 Zeitungen für kostenlose Privatanzeigen 118

7. DIE 7 SCHRITTE ZUM GELD. WIE SIE IN KÜRZESTER ZEIT EIN TOP-GESCHÄFT AUFBAUEN 125

1. Erfolgreich Textilien und Modeartikel im Internet verkaufen - Die Geschäftsidee

1.1 Einleitung

Haben Sie schon einmal ausführlich über Ihre Zukunft nachgedacht? Was schwebt Ihnen vor? Ein Leben in öder Mittelmäßigkeit? Immer der gleiche Trott – jeden Tag. Arbeiten für ein Unternehmen, das viel Geld mit Ihnen verdient, aber kaum etwas davon an Sie auszahlt? Das kann es doch nicht sein, oder? Normalerweise hat ein Jeder den Traum, etwas in seinem Leben zu erschaffen, etwas, das bleibt und auf das man stolz sein kann. Ebenso träumt jeder davon, genug Geld zu haben, um seine Ziele, Wünsche und Träume in die Realität umzusetzen. Wie viel „genug" ist, muss jeder für sich selbst entscheiden; darum soll es hier auch nicht gehen.

Wir wollen uns damit beschäftigen, wie man die Weichen dafür stellen kann, einmal so viel Geld zu verdienen, dass es für die Finanzierung des erträumten Lebensstils ausreicht. Seit ewigen Zeiten leben viele Leute vom Handel, und das oft sehr gut. Also nehmen wir uns diesen Weg vor und wollen schauen, wie man dort am besten gutes Geld verdienen kann.

Wenn man überlegt, welche Produkte im Handel keinen größeren Schwankungen unterliegen und eigentlich immer gebraucht werden, kommt man neben Nahrungsmitteln schnell auf die Bekleidungsbranche. Denn etwas zum Anziehen brauchen die

Menschen doch schließlich immer, und daran wird sich auch in Zukunft nichts ändern. Auf der anderen Seite gibt es wenige Märkte, die härter umkämpft sind, als der Textilmarkt. Man müsste also die Geheimnisse dieses Marktes kennen, um sich erfolgreich am Markt durchzusetzen.

Aus diesem Grund haben wir das vorliegende Existenzgründerkonzept entwickelt. Es wurde über Monate sorgfältig ausgearbeitet und gewährt Ihnen, bei richtiger Umsetzung, eine sichere Existenzgrundlage oder einen einträglichen Nebenverdienst.

Die Auswahl der Ware und der dazu gehörenden Bezugsquellen erfolgte nach den Gesichtspunkten

- Hohe Nachfrage – schnelle Umschlagbarkeit
- Stetige Verfügbarkeit der Ware
- Saison- & Jahreszeitenunabhängigkeit
- Gute erzielbare Gewinnspannen
- Unbedingte Versandtauglichkeit
- Und natürlich: Großes Käuferinteresse

Warum gerade Textilien & Modeartikel?

Der Textil- & Bekleidungsmarkt ist sehr dynamisch und „schnelldrehend". Das heißt, es kann in sehr kurzer Zeit eine sehr große Menge an Ware umgeschlagen bzw. verkauft werden.

Hier heißt es für Verkäufer: Immer am Puls der Zeit bleiben. Wer den Markt und die wechselnden Modetrends ständig im Auge behält und immer die neuesten Modelle anbieten kann, wird auch immer gut verdienen. Es gibt aber noch einen zweiten Weg, um in diesem Business erfolgreich zu werden: Sie

Existenzgründerkonzept Textil- & Modehandel

pfeifen auf Modetrends und suchen sich stattdessen eine lukrative, kleine Nische, in der Sie praktische konkurrenzlos sind.

Ein zweiter, wichtiger Punkt ist das große Preisgefälle vom Ausland zu Deutschland. In anderen Ländern bekommen Sie Bekleidung und Textilien aller Art wesentlich günstiger als in Deutschland.

Das Zauberwort heißt Import – und zwar Eigenimport. Denn wenn Sie über einen Händler importieren, sind die Preisvorteile meistens zum größten Teil dahin. Deshalb sollten Sie unbedingt auf eigene Faust importieren. Das ist übrigens gar nicht so schwer, wie es sich zunächst anhört. Sie suchen sich einfach die passenden Firmen raus (s. Bezugsquellen) und verwenden die überall im Internet erhältlichen Musterbriefe, um die Anbieter per Brief (Luftpost) oder Fax anzuschreiben. Verwenden Sie dabei unbedingt einen professionell wirkenden Briefbogen. Dieser lässt sich von einer Schnelldruckerei oder mit einem eigenen Laserdrucker samt Textprogramm kostengünstig erstellen. Mit etwas Glück schickt Ihnen die eine oder andere Firma zunächst einige kostenlose Musterteile. Alle weiteren Details wie Preise, Bestellmengen usw. können Sie dann per Telefon oder E-Mail besprechen.

Übrigens: Hat sich die Handelsbeziehung zwischen Ihnen und Ihrem Zulieferer erst einmal gefestigt, lassen sich oftmals noch bessere Konditionen aushandeln!

Zauberwort „Spezialisierung"

Jahrelang rieten Unternehmensberater ihren Kunden, ein möglichst breites Sortiment anzubieten und sich viele Standbeine zu schaffen, um Krisen und Absatzrückgänge in einzelnen Bereichen wirkungsvoll ausgleichen zu können.

Diese Philosophie ist heute völlig überholt. Jahrelange Unternehmensanalysen haben ergeben, dass Unternehmen, die sich

Existenzgründerkonzept Textil- & Modehandel

auf einen möglichst kleinen Marktbereich spezialisieren und dort nach einiger Zeit die Marktführerposition einnehmen, wesentlich besser dastehen, als Unternehmen, die auf vielen Gebieten tätig sind, aber in keinem so richtig vorne mithalten können.

Aus diesem Grund schlage ich Ihnen vor, sich ebenfalls auf einen Nischenmarkt zu spezialisieren. Werden Sie der Beste in ihrem Bereich – und wenn dieser noch so klein ist! Wenn Sie mehr zu diesem Thema erfahren wollen, kann ich Ihnen das Buch „EKS – Erfolg durch Spezialisierung" von Wolfgang Mewes sehr empfehlen.

Als kleine Einstiegshilfe ein paar Vorschläge, auf welchen Bereich Sie sich spezialisieren könnten:

Berufsbekleidung (evtl. nur für spezielle Berufe – z.B. Arztbekleidung), Schutzkleidung, Lederbekleidung, Kinderbekleidung, Übergrößen, Untergrößen, Unterwäsche, Kopfbekleidung, Bekleidung nach Ländern (z.B. fernöstlich, afrikanisch usw.), Hochzeitsbekleidung, Festkleidung (z.B. Fräcke), nostalgische Bekleidung, Kostüme, Sportbekleidung (für bestimmte Sportarten, z.B. Surfwear), Motorradbekleidung, Umstandsbekleidung und vieles vieles mehr ...

1.2 Unternehmensaufbau

Als Unternehmer im Bereich Textilhandel sind Sie ein klassisches Einzelhandelsunternehmen. Sie kaufen Ihre Ware beim Hersteller oder Großhändler im In- oder Ausland ein und verkaufen diese mit Gewinn an den Endkunden weiter. Dieses Geschäft ist gut dafür geeignet, alleine als Einzelunternehmer zu beginnen und später mit wachsendem Bekanntheitsgrad und dementsprechenden Verkaufszahlen weitere Mitarbeiter einzustellen.

Die Startkosten bzw. Anfangsinvestitionen sind denkbar gering, da Sie in diesem Geschäft keine große Lagerhaltung brauchen.

Existenzgründerkonzept Textil- & Modehandel

Bei den meisten Herstellern und Großhändlern können Sie heute „Just-in-Time" bestellen, d.h. erst nachdem der Kunde gekauft (und vielleicht sogar gleich bezahlt hat), bestellen Sie die entsprechende Ware.

Immer öfter bieten Firmen auch die so genannte „Drop-Shipping-Partnerschaft" an. In diesem Fall übernehmen Sie nur die Rolle des Verkäufers und Ihr Drop-Shipping-Partner sorgt nach Zahlungseingang des Kunden für die Verpackung und den zeitgerechten Versand der Ware. Allerdings schließen sich diesem, aus den USA stammenden Vermarktungsprinzip nur langsam weitere deutsche Unternehmen an. Zur Suche nach entsprechenden Firmen geben Sie am besten von Zeit zu Zeit das Wort „Drop Shipping" in eine große Suchmaschine ein.

Der geschäftliche Alltag wird zumeist folgendermaßen aussehen:
Sie bekommen aufgrund Ihrer Werbung Bestellungen von Kunden per Brief, Fax, Telefon oder Internet. Daraufhin überwachen Sie den Zahlungseingang, verpacken und versenden die Ware und verbuchen den Vorgang in Ihrer Buchhaltung.

Die günstigste Zeit für Versandgeschäfte ist etwa die Phase zwischen September und Mai. Die Sommermonate bringen wegen der Ferien und sonstigen Ablenkungen weit weniger. Also nicht unbedingt im Juni/Juli auf den größten Jahresumsatz hoffen...

1.3 Was spricht für den Internet-Versandhandel?

Die Vorteile eines Internet-Versandhandels liegen nicht nur darin, dass Ihre Verdienstgrenze nach oben hin praktisch unbegrenzt ist:
- Ladenschlussgesetz und Geschäftszeiten gelten für Internet-Versandhändler nicht.

- Ladengeschäftseinrichtungen bzw. Büromieten entfallen. Sie können daheim arbeiten.
- Fachkenntnisse oder Zeugnisse sind nicht nötig. Grundregeln über Buchführung und Werbung lassen sich schnell aneignen.
- Kundschaft kommt aus der ganzen Welt und nicht nur aus Ihrer Heimatstadt.
- Mit kleinsten Investitionen können Sie nebenberuflich anfangen und hauptberuflich weitermachen.
- Berufsverkehr und verstopfte Straßen sind für Versandhändler ein Fremdwort.
- Sie kommen mit Versandangeboten der Bequemlichkeit des Verbrauchers entgegen.

1.4 Der ideale Versandartikel:

- bekommen Sie nicht in jedem Ladengeschäft.
- kann leicht verpackt und versandt werden.
- ist kompakt und nimmt keinen großen Lagerraum in Anspruch
- wird von einem Großteil der Bevölkerung gebraucht bzw. geschätzt.
- erzielt einen Verkaufspreis von mindestens 20.- €.
- bringt im Verkauf mindestens 100% mehr als im Einkauf.
- bewirkt die Lust auf weitere Produkte gleicher oder ähnlicher Art oder wird relativ schnell durch ein moderneres Produkt ersetzt.

Sie sehen, all diese Punkte treffen voll auf den Textilbereich zu!

1.5 Zahlungsmodalitäten im Online-Versandhandel

Prinzipiell empfehlenswert im Online-Versandhandel ist Vorkasse (Überweisung/Bankeinzug/Bargeld) oder Nachnahme bei Lieferung.

Die Zahlungsmoral in der Gesamtbevölkerung ist seit einiger Zeit nicht gerade überwältigend gut, und wenn Sie andauernd Erinnerungen und Mahnungen verschicken müssen, kostet Sie das viel Geld und wertvolle Arbeitszeit.

Beim Verkauf über eBay sollten Sie sich unbedingt beim Online-Bezahldienst und Partnerunternehmen PayPal anmelden. Es ist nachgewiesen, dass die Zahl Ihrer verkaufen Artikel dadurch spürbar steigt. Alle Informationen hierzu erhalten Sie auf der Homepage www.paypal.de oder über die eBay-Startseite.

Denken Sie über eine Belieferung Ihrer Kunden auf Rechnung erst dann nach, wenn Ihr Unternehmen eine angemessene Größe erreicht hat. Diese Zahlungsart wird Ihnen zwar viele Neukunden und Bestellungen bringen, aber auch mitunter Arbeit und Nerven kosten. Viele Unternehmen bieten die Zahlung auf Rechnung erst dann an, wenn sie es sich leisten können, mit einem Inkassounternehmen zusammen zu arbeiten, das bei Zahlungsausfällen alle weiteren Schritte übernimmt.

1.6 Kostenkalkulation

Ihre Kosten für Werbung (Anzeigen, Prospekte etc.) bzw. Angebotsgebühren bei eBay sowie für Verpackung und Versand dürfen Sie nicht unterschätzen. Jedenfalls müssen Sie anders kalkulieren als stationäre Einzelhändler oder Handelsketten.

Gesetzt der Fall, Sie haben ein Produkt, das im Einkauf € 28,- kostet und noch mal € 6,- an Werbekosten erfordert, dann hätten Sie einen Kostenaufwand von € 34,- pro Artikel. Jetzt dürfen Sie aber nicht den Fehler machen, für € 40,- weiterzuverkaufen, denn mit 20% Gewinnspanne kommen Sie im Versand auf keinen grünen Zweig. Ratsam wäre hier ein Verkaufspreis von € 60,- bis € 70,-, also immer überlegen, ob der Verkaufsartikel günstig und exklusiv genug ist, dass der geforderte Preis auch von den Kunden bezahlt wird.

Bei den eBay-Gebühren gibt es sogenannte „Schwellenpreise", unter denen Sie unbedingt bleiben sollten, weil Sie sonst bares Geld verschenken. Ein Beispiel: Wenn Sie Ihren Artikel für glatte 25.- € anbieten, kostet Sie das Angebot bei eBay 1,60 €. Würden Sie den Artikel jedoch für 24,99 € einstellen, zahlen Sie nur eine Angebotsgebühr von 0,80 €. Sie erhalten also beim erfolgreichen Verkauf gerade mal einen Cent weniger, haben aber 50% Angebotsgebühren gespart! Eine Übersicht dieser Schwellenpreise und der dazu gehörigen Angebotsgebühren bekommen Sie unter: http://pages.ebay.de/help/sell/fees.html.

1.7 Quellen für weiterführende Literatur

1.7.1 Existenzgründung allgemein

http://www.gruenderzentrum.de
Deutsche Ausgleichsbank, zahlreiche Informationen für Existenzgründer

http://www.dihk.de/
Deutscher Industrie- und Handelstag (DIHT), umfangreiches Stichwortverzeichnis von Außenwirtschaft über Finanzierungshilfen bis Wirtschaftsrecht, viele Datenbanken, Download-Möglichkeiten

http://www.focus.de/existenzgruendung
Online-Akademie für Gründer und Jungunternehmer

http://www.acht-online.de/tipps/htm
Tipps für Existenzgründer

1.7.2 Kauf und Verkauf, Beteiligung an Unternehmen

http://www.unternehmensmarkt.de

Existenzgründerkonzept Textil- & Modehandel

Unternehmensmarkt, standardisierte Kaufund Verkaufsangebote von Unternehmen aller Branchen mit Firmensitz in Deutschland

1.7.3 Stattliche Informationsangebote

http://www.bundesausschreibungsblatt.de
Ausschreibungen öffentlicher Auftraggeber

http://www.bfai.de
Bundesagentur für Außenwirtschaft

http://www.dpma.de
Deutsches Patent- und Markenamt

1.7.4 Sonstige wichtige Informationsquellen

http://www.gruenderstadt.de
Die große Suchmaschine, Datenbank und Informationsplattform für Existenzgründer

http://www.genios.de/
Genios Wirtschaftsdatenbank (Anmeldung erforderlich, kostenpflichtig)

http://www.auma.de
Messe-Planer

http://www.patente.bmbf.de
Patent-Server des Bundesministeriums für Bildung, Wissenschaft, Forschung und Technologie

http://www.recht.de
Rechts-Datenbank

1.7.5 Finanzierung/Förderprogramme

Existenzgründerkonzept Textil- & Modehandel

http://www.bvk-ev.de
Bundesverband Deutscher Kapitalbeteiligungsgesellschaften
e.V., BVK e.V.

http://www.dta.de/dtapartal/index.jsp
Deutsche Ausgleichsbank,
Existenzgründungsförderungs- und
Finanzierungsprogramme

http://www.investitionsbank.de
Investitionsbank-Berlin,
Existenzgründerleitfaden

1.7.6 Wissenschaftliche Einrichtungen und Gründungsforschung

http://www.uni-koeln.de/wisofak/szyperski/gruendung
Universität zu Köln, Arbeitsgruppe
Gründungsökonomie und Entrepreneurship

1.7.7 Verbände und Vereine

http://www.bju.de
Bundesverband Junger Unternehmer der ASU
e.V. (BJU)

http://www.entrepreneurship.de/
Entrepreneurship.de unterstützt von der
Breuninger Stiftung Stuttgart

http://www.cityplaza.de/teg
The Entrepreneurial Group e.V. (T.E.G.)

http://www.wjd.de/
Wirtschaftsjunioren e.V. (WJD)

http://www.adt-online.de
Arbeitsgemeinschaft Deutscher Technologie und
Gründerzentren e.V.

1.7.8 Verlage und Publikationen

http://www.diplom.de/db/katalog90.10.33.html
http://www.diplomiea.de
http://www.dees-verlag.de
Diplomarbeiten zum Thema
Existenzgründung

http://www.wilde-media.de.vu
Verlag für Existenzgründerliteratur

Existenzgründerkonzept Textil- & Modehandel

Extrateil: Die Warenbezugsquellen

Nachfolgend erhalten Sie eine Auflistung verschiedener Bezugsquellen für den Bereich Textilien und Modeartikel aller Art. Da sich Adressen sehr schnell ändern können, kann es vorkommen, dass Sie eine Firma unter der angegebenen Adresse bzw. dem angegebenen Link nicht erreichen können. Geben Sie in diesem Fall den Firmennamen in eine Suchmaschine (z.B. Google) ein. Damit sollten Sie die neue Adresse schnell finden.

Werksverkäufe bekannter Markenhersteller

Hier werden Markentextilen aus Vorjahreskollektionen oder B-Ware sowie Musterstücke zu sehr günstigen Konditionen verkauft. Der durchschnittliche Preisnachlass gegenüber den Einzelhandelsverkaufspreisen beträgt immerhin bis zu 50%. Falls Sie in der Nähe einer dieser Werksverkaufsstellen wohnen, ergibt sich hier eine gute Einkaufsquelle für Ihr Geschäft.

Comazo (Dessous/Unterwäsche) Herstellerverkauf, Keplerstr. 24, 72458 Albstadt-Ebingen, Tel.: 07431/591096

Gottlieb Haug GmbH & Co. KG (Strickwaren), Emil-Mayer-Str. 35, 72461 Albstadt, Tel.: 07432/979250

Ahorn Sportswear Textilien GmbH, Otto-Lilienthal-Str. 2a, 55232 Alzey

Salewa (Sport- & Outdoorkleidung), Saturnstr. 63, 85609 Ascheim

Lebek International (Damen- & Herrenmode), Kirburger Str. 1, 56470 Bad Marienberg

Alba Moda (Damen- & Herrenmode), Daimlerstr. 13, 32108 Bad Salzuflen

Existenzgründerkonzept Textil- & Modehandel

The Timberland World Trading GmbH (Freizeitkleidung), Höllriegelskreuther Weg 3-5, 82065 Baierbrunn

Seidensticker (Herrenoberbekleidung), Herforder Str. 182-194, 33609 Bielefeld

Italien Designers GmbH (Dolce & Gabbana etc.), im B5 Designer Outlet Center, Alter Spandauer Weg 1, 14641 Wustermark

Big Star Factory Outlet (Jeansbekleidung), Blauenstr. 1-5, 79576 Weil am Rhein

Romika (Schuhe), Karl-Benz-Str. 8, 54292 Trier

Nike Factory Store (Sportbekleidung, Schuhe), Bremer Str. 109, 28816 Stuhr (hier gibt's auch Adidas und Marc O´ Polo!)

s.Oliver (Sportbekleidung), Bernd Freier GmbH, Edekastr. 1, 97228 Rottendorf

Esprit Factory Store (Damen- & Kindermode), Am Rosenkothen 2, 40880 Ratingen-Tiefenbroich

Ulla Popken Lagerverkauf (Damen-Übergrößenmode), Am Waldrand 6, 26180 Rastede (Hahn-Lehmden)

Otto Aulbach GmbH (Mode von Daniel Hechter, Karl Lagerfeld etc.), Frühlingstr. 17, 63897 Miltenberg

Polo Ralph Lauren Factory Store (Freizeitbekleidung), Reutlinger Str. 63-67, 72555 Metzingen (Metzingen ist das Mekka der Fabrikverkäufe – hier gibt es u.a. auch Hugo Boss, Joop, Escade und viele andere)

Bogner Extra (Sportbekleidung), Am Werbering 5-9, 85551 Kirchheim-Heimstetten

Levi´s Lagerverkauf (Jeansbekleidung), Allee 18-22, 63150 Heusenstamm

Puma Outlet Store (Sportbekleidung), Zeppelinstr. 2, 91074 Herzogenaurach (hier gibt es auch einen Adidas-Fabrikverkauf)

Existenzgründerkonzept Textil- & Modehandel

Großhändler & Hersteller

Hinweis: Alle Angaben nach bestem Wissen und Gewissen. Der Verlag übernimmt keine Gewähr für die Richtigkeit der Angaben. Es gelten die jeweiligen Geschäftsbedingungen der Händler bzw. Hersteller

K&T GmbH (München) - Die internationale Schuhagentur beliefert Groß- und Einzelhändler in Europa und in den USA.

http://www.kt-shoes.com

Warenbörse der Tochtergesellschaft der Sütex für professionelle Händler - mit Online-Shop

http://www.mode-textil-marketing.de

Handel mit vielfältigen Lederprodukten

http://www.ledergrosshandel.at

Großhandel für Sportbekleidung, der einen Blick über seine Produkte aus dem sportlichen Bereich gibt.

http://www.lessports.at

Großhandel für Berufsschutzkleidung wie zum Beispiel Handschuhe, Kopfbedeckungen, Berufsbekleidung, Warnschutz, Schuhwerk und mehr

http://www.pbarbeitsschutz.de

Großhandel für Leder, technische Lederartikel, industriellen Körperschutz und Lederpflegemittel

http://www.schreyeck.de

Existenzgründerkonzept Textil- & Modehandel

Traditionsreicher Lederwaren-Großhandel

http://www.weth.de

Textilfachgroßhandel und Spezialist für Textilpromotion und Event-Zubehör

http://www.maier-wydra.de

Einzel- und Großhandel für Textilien im deutschsprachigen Raum von Marken wie Valentino Sport, Ferre Golf und Medico

http://www.exploration.at

Informations- und Orderzentrum für die europäische Bekleidungsindustrie mit großer Ausstellungsfläche

http://www.fashionhouse.de

Textilhandelsgesellschaft für Wiederverkäufer

http://www.kadel-fashion.de

Großhandel für Segelsportbekleidung und sonstige Segelsportartikel

http://www.frisch.de

Groß- und Einzelhandel für nach Kundenwunsch bedruckte und bestickte Textilien

http://www.extremesports.de

Hersteller von Body- und Aktivewear

Existenzgründerkonzept Textil- & Modehandel

http://www.danskin.de

Anbieter von Berufskleidung

http://www.bierbaum-proenen.de

Der Großhandelspartner für textile Wiederverkäufer hat ca. 80.000 Artikel aus den Sortimenten Kurzwaren, Heimtextilien, Tag-und Nachtwäsche, Tischwäsche, Strumpfwaren, Miederwaren und Babyartikel im Angebot.

http://www.ckm-kurzwaren.de

Vertrieb von Firmen-, Berufs- und Freizeit-Kleidung, Taschen und Schuhen

http://www.jutex.de

Die Firma liefert modische Textilien für Damen, Herren und Kinder an Wiederverkäufer.

http://www.textil-vertrieb.de

Das Großhandelsunternehmen für Damenoberbekleidung stellt sich und seine Kollektionen vor.

http://www.lachowski.de

Großhandelsvertrieb von Sportkleidung und Sportzubehör mit Servicedienstleistungen im Bereich Druck, Flock, Stick und Sonderanfertigungen

http://www.magic-team.de

Homepage des Handelsunternehmen für Textilien

http://www.trendfashion-textile.com

Existenzgründerkonzept Textil- & Modehandel

Der Online-Shop führt neben Berufsbekleidung auch Artikel wie Teddybären, Bademattten und Meterware.

http://www.knievel.de

Großhandel für Strümpfe, Socken, Strumpfhosen und Feinstrumpfwaren

http://www.strumpfkauf.de

Dem Groß- und Einzelhandel werden um die 20.000 - 50.000 Paar Schuhe angeboten. Außerdem finden Sie in diesem großen Lager noch Schuhe, die direkt vom Fabrikanten in kleinen Mengen aus Italien importiert werden.

http://www.schuhposten.de

Großhandel für trendige Abend- und Partykleider sowie für Eventmode

http://www.pik-ass.com

Großhandel für Dessous, Trikotagen, Bodys, Damen- und Herrenwäsche

http://www.happy-feeling.de

Großhandel für Arbeitsschutzbekleidung, Industriebedarf sowie Sport- und Freizeitkleidung

http://www.nehmert.de

Textilimporteur für den Vertrieb von Oberbekleidung wie Jeans- und Polohemden, T-Shirts und Sweatshirts an den Fachhandel

http://www.get-used.de

Existenzgründerkonzept Textil- & Modehandel

Herstellung und Großhandel von T-Shirts mit Infromationen zu der Produktion und sonstigen Leistungen

http://www.t-shirt-pro.de

Hier stellt sich der Fachgrosshandel mit einem Online-Shop vor.

http://www.blass-as.de

Die Agentur vertreibt Kinderbekleidung namhafter Marken, die ausschließlich an Händler abgegeben wird.

http://www.herrenbauer.de

Der Großhandel für Damenmode auch in großen Größen stellt Teile seiner Kollektion vor.

http://www.kajotex-future.de

Großhandel für Damen-Feinstrumpfhosen sowie Damen-und Herren-Strickwaren

http://www.hkstrumpfmoden.de

Großhandel für Textilien. Die Angebote gelten nur für den Handel und Gewerbetreibende. Der Verkauf erfolgt ausschließlich in den angegebenen Verpackungseinheiten (VE).

http://www.g-b-warehouse.de

Groß- und Einzelhandel für Landhausmoden aus Südtirol

http://country-online.com

Existenzgründerkonzept Textil- & Modehandel

Design, Handel und Großhandel mit Herrenbekleidung wie Hemden, Hosen, T-Shirts und Wickelröcken

http://www.persus.de

Der Großhandel für Textil und Leder informiert über seine Marken wie mavi jeans, Mauritius und Gin Tonic. Zusätzlich gibt es einen Online-Shop in einem geschützten Fachhandelsbereich.

http://www.modeagentur-kraemer.de

Auf dieser Seite finden Sie ein Fachhandel und Großhandel rund um die Textilbranche. Das Angebot an Produkten reicht von Funktionkleidung über Socken bis hin zu Mode aus Lack und Leder.

http://www.wistatex.de

Das Großhandelsunternehmen für Schlaghosen, Technoschlaghosen und Shirts informiert über sein Sortiment. Außerdem können interessierte Fashion-Einzelhändler Kontakt aufnehmen und im Online-Shop bestellen.

http://www.comycom-info.de

Der Textil-Großhandel bietet Sweat-Kombithemen, Blusen, T-Shirts und Poloshirts sowie alle Arten von Tops an.

http://www.campione.de

Großhandel für Damenhüte, Herrenhüte und Kinderkopfbedeckungen, die aus den verschiedensten Materialien gefertigt sind

http://www.kuebl-huete.at

Vorstellung des Importeurs und Großhandels für Seiden-Krawatten, mit Online-Shop

Existenzgründerkonzept Textil- & Modehandel

---

http://www.krawatten-vip.de

Der Handel für Bademoden stellt hier online seine Kollektion vor.

http://www.brazil-swimwear.com

Der Großhändler liefert Arbeitsbekleidung, Berufsbekleidung und Schutzbekleidung für den Einzelhandel, für Firmen, Gewerbetreibende und Handwerker.

http://massmann.com

Die Firma vertreibt Strumpfwaren aller Art, wie Herrenstrümpfe, Damenstrümpfe, Kinderstrümpfe, Feinstrumpfhosen und Söckchen.

http://www.strumpf-riese.de

Import und Export von Textilien, darunter Bettwaren, Kinderwäsche und Maßfertigung

http://www.ideetex.de

Handel für Übergrößen bei Berufsbekleidung und Textilien sowie Partner für Textildruck und Vereinsbedarf

http://www.helmut-adam.de

Der Großhandel, Import und Export von Arbeitsbekleidung stellt sein Produktangebot an Arbeitshandschuhen und persönlicher Schutzausrüstung seiner Marke "Leo´s Workwear" vor.

http://www.leosworkwear.com

Schuhgroßhandel seit über 100 Jahren mit mehr als 1.500 Modellen

Existenzgründerkonzept Textil- & Modehandel

http://www.poelking-schuhe.de

Sport-Accessories, Clothing, Skatewear, Sneaker, Shoes, Girly-wear, Großhandel mit Clothing, Top-Manufacturer

http://rules.de

Exclusive Vermarktung aller Restmengen des Otto-Versand und seiner Konzerntöchter, mit Filialen in Hamburg und Norderstedt

http://www.corso.de

Das Geschäft bietet Schuhe von Designern aus namhaften italienischen Modestädten an, die unmittelbar ohne Zwischenhandel nach Deutschland importiert und daher zu günstigen Preisen angeboten werden.

http://www.italienische-schuhboerse.de

Auf dieser Website finden Sie einen Onlineshop mit aktueller Mode für junge Frauen mit direkter Bestellmöglichkeit.

http://www.united-pink.de

Das Geschäft informiert über sein Angebot an Damenschuhen, Herrenschuhen und Kinderschuhen.

http://www.schuhmarkt-mueller.de

B2B-Verzeichnis von Herstellern und Großhändlern aus Branchen wie Bekleidung, EDV, Floristik, Optik und Schmuck.

http://www.unitraders.com

Existenzgründerkonzept Textil- & Modehandel

Führende Marken für Industrie, Handwerk, Gastronomie und Pflegeberufe zu Discount-Preisen kann man an dieser Stelle online erwerben. (Berufskleidung24.de e.K., Kirchheim/Unter Teck)

http://www.berufskleidung24.de

Dieser Online-Shop bietet über 500 Mode-Artikel aus der Türkei, aus Spanien, Italien und Griechenland an.

http://www.exentric-fashion.de

Onlinegroßhandel von Strumpfwaren für Damen, Herren und Kinder

http://www.strumpf-wiese.de

Der Online Ledergroßhandel und -versand vertreibt Mäntel, Jacken, Hosen und mehr für Männer und Frauen

http://www.leder-hose.de

Das Unternehmen, welches Artikel wie Seidenschals, Tücher, Krawatten und Pashmina-Stolen vertreibt, zeigt Ausschnitte aus seinem Angebot und informiert über seine Kontaktpersonen und Verkaufslager.

http://www.codello.de

Der Bekleidungshersteller für Damen- und Herrenkleidung aus Jersey sowie Strick stellt Auszüge aus seinem Lieferprogramm vor.

http://www.globaltex.de

Die Handelsvertretung mit Sitz im Modecentrum Hamburg vertreibt im Norddeutschen Raum die Kollektion von Manfred Hegler aus Essen. Onlineshop und Versandhandel.

http://www.bornholt-textil.de

Existenzgründerkonzept Textil- & Modehandel

Kontakte / Importeure / Handelsplattformen

www.asien-bezugsquellen.de

www.globalsources.com

http://www.kader-international.com (Textilimporte)

www.alp-shop.de

www.bestitaly.de

www.bestsellers-online.de

www.contitex.com

www.closeout-stock.com

www.honeymoon-textil.de

www.iffland.com

www.kidsshirt.com

www.kader-international.de

www.maryfil.de

www.mode-textil-marketing.de

www.redcatjeans.de

www.rawatextil.de

www.sonderposten-textil.de

www.soha.de

www.textil-vertrieb.de

www.textilwaren24.de

www.zentrada.de

www.wlw.de (Business-Suchmaschine -> einfach „Bekleidung" oder „Textilien" eingeben)

2. Die Geschäftsgründung

Selbstständig sein – wer träumt nicht davon? Fast jeder kann aus dem Stegreif viele Vorteile und Annehmlichkeiten dieser Berufsgrundlage aufzählen. Meist werden die folgenden Punkte genannt:

- Alle Entscheidungen selbst treffen
- Nie mehr die Launen eines Chefs ertragen müssen
- Der Arbeitslosigkeit entfliehen
- Mehr Geld verdienen
- Sich selbst verwirklichen
- Etwas „Bleibendes" schaffen
- Und vieles mehr ...

Für manche ist es selbstverständlich, ein eigenes Geschäft zu führen. Etwa, wenn man den elterlichen Hof oder ein Geschäft übernimmt. Andere wollen ihr Dasein als Arbeitsloser, Arbeiter oder auch Angestellter nicht länger ertragen und machen sich deshalb selbstständig. Wieder andere haben eine zündende Idee oder Marktlücke gefunden und erhoffen sich nun die große Karriere.

Wie auch immer – aus einem Grund sollte niemand den Sprung in die Selbstständigkeit wagen: Die Hoffnung, dann weniger arbeiten zu müssen. Fast alle Selbstständigen haben die Erfahrung gemacht, das Freizeit - zumindest in den ersten Jahren nach der Existenzgründung - ein Fremdwort ist.

Diese Erfahrung ist natürlich nicht die Einzige. Jeder Existenzgründer sammelt gewollt oder ungewollt während seiner Startphase viele Erfahrungen, sowohl gute, als fast immer auch schlechte.

Aus diesen gesammelten Erfahrungen und Erkenntnissen vieler Selbstständiger entstand das Ihnen vorliegende Geschäftskonzept. Es soll den Einstieg in die Selbstständigkeit so leicht wie möglich machen. Angefangen mir allen Voraussetzungen zur Gründung Ihres Unternehmens, über die genaue Beschreibung der Geschäftsidee bis hin zu den wichtigen Marketing- und Verkaufsstrategien wird kein wichtiges Thema ausgelassen.

Ob Sie haupt- oder nebenberuflich starten wollen, spielt dabei überhaupt keine Rolle. Das Konzept ist für jeden Anspruch geeignet und sofort umsetzbar.

2.1 Eine Gründung – viele Fragen

Machen Sie sich eine Tatsache bewusst: Eine Geschäftsgründung ist immer mit einem finanziellen, manchmal sogar existenziellen Risiko verbunden!

Sie haben zunächst die Wahl, ob Sie Ihre Firma allein oder mit einem oder mehreren Partnern gründen wollen. Die Gründung mit einem Partner kann sinnvoll sein, wenn dieser profundes Fachwissen mitbringt oder einen Teil des Startkapitals stellen kann.

Die weitaus größte Zahl der Gründer fängt jedoch zunächst allein an. Die Vorteile liegen auf der Hand: Sie sind von Anfang an Ihr eigener Chef, tragen die Verantwortung für alles und können Ihren Arbeitsalltag frei gestalten.

Doch es gibt natürlich auch Nachteile: Sie sind müssen sich um alles selbst kümmern und sind Einkäufer, Verkäufer, Buchhalter und vieles mehr in einem. Außerdem müssen Sie sich selbst um die Finanzierung Ihres Geschäfts kümmern. Wenn Sie dazu Kapital in Form von Krediten und/oder staatlichen Förderungen beanspruchen wollen, muss Ihr Firmenkonzept zunächst Fachleute überzeugen. Dazu ist ein professioneller und ausgefeilter Businessplan nötig. Mehr dazu lesen Sie im entsprechenden Kapitel.

Dies waren nur einige wenige Punkte, die vor der Gründung geregelt werden müssen. Lassen Sie sich nicht verunsichern,

Existenzgründerkonzept Textil- & Modehandel

schließlich haben es schon viele andere vor Ihnen auch geschafft. In diesem Buch erfahren Sie wie.

Ich wünsche Ihnen Alles Gute und Viel Erfolg bei all Ihren zukünftigen Geschäften!

Existenzgründerkonzept Textil- & Modehandel

3. Voraussetzungen für den Start in die Selbstständigkeit

3.1 Persönliche Voraussetzungen – Power-Typ?

Für einen Firmengründer ergeben sich völlig andere Arbeitsbedingungen, als sie z.B. ein Angestellter oder Arbeiter hat. Meistens arbeitet er alleine und muss sich somit immer wieder selbst motivieren. Es steht keiner hinter ihn, der ihn zur Arbeit antreibt, Anordnungen gibt oder Zielvorgaben auferlegt.

Sie arbeiteten also den ganzen Tag mehr oder weniger auf sich allein gestellt. Dazu gehört eine gewisse psychische Stärke, um sich Tag für Tag selbst leistungsbereit zu halten und immer wieder neue Aufgaben und Ziele in Angriff zu nehmen. Ein externer Anschub erfolgt meistens nicht.

Misserfolge, die bei jeder Tätigkeit von Zeit zu Zeit auftreten, sollten demnach nicht gleich zum Zusammenbruch oder zur Aufgabe des Geschäftes führen. Ein Selbstständiger braucht ein ausgeprägtes Selbstbewusstsein, welches durch eventuelle negative Entwicklungen oder Ereignisse nicht beeinträchtigt wird. Man muss sich Ziele setzen können und diese auch über einen längeren Zeitraum hartnäckig verfolgen können.

All dies erfordert Disziplin, Durchhaltevermögen und zielgerichtetes Handeln. In Ihrem eigenen Interesse sollten Sie Ihre Charaktereigenschaften auf diese Punkte hin überprüfen und auch Freunde und Verwandte nach deren Meinung fragen.

Oft braucht es einige Monate oder gar Jahre, bis sich der gewünschte Erfolg mit dem eigenen Geschäft einstellt. Wer eine solche Anfangsphase psychisch und finanziell durchstehen kann, hat die besten Voraussetzungen, einmal wirklich erfolgreich zu werden.

Sie sollten Spaß am selbstständigen Handeln haben. Als Existenzgründer können Sie sich einen wirklich eigenverantwortlichen Arbeitsplatz schaffen. Keiner wird Ihnen hier Vorschriften machen, mit Ausnahme des Gesetzgebers. Damit müssen Sie aber auch die volle Verantwortung für Ihr Handeln übernehmen.
Wenn Fehler passieren (und diese werden ganz sicher passieren!), übernimmt keine Meister, Abteilungsleiter oder Chef die Verantwortung dafür.

3.2 Materielle & finanzielle Voraussetzungen

Geld regiert die Welt! Dieser Spruch trifft ebenso auf Ihr Business zu. Der immer härter werdende Wettbewerb verlangt eine möglichst schnelle und rationelle Abwicklung jedes einzelnen Auftrags oder jeder Verkaufstransaktion. Dies setzt voraus, dass Sie über die geeigneten Arbeitsmittel verfügen und Ihre Abläufe so gut strukturieren, wie es nur möglich ist. Natürlich müssen Sie dazu erst einmal Geld für diese notwendigen Arbeitsmittel ausgeben.

Hinzu kommen die Kosten, die mit der Gründung Ihres Geschäftes verbunden sind. Es ist wie an der Börse – Sie müssen erst einmal Geld investieren, bevor Sie auch nur einen Euro zu sehen bekommen.

Auf der anderen Seite ist die Gründung und Startphase eines Geschäftes oftmals relativ günstig zu bewältigen. Besonders dann, wenn Sie zunächst nebenberuflich starten. Sie brauchen meist noch kein großes Ladenlokal, (noch) keine Mitarbeiter und vor allem keine großen Ausgaben für die Werbung zu machen.

Für den Anfang reicht ein zum Büro umfunktionierter Raum oder eine Arbeitsecke in Ihrer Wohnung völlig aus. Dazu kommen einige technische Geräte, die heutzutage fast unabdingbar sind. Die meisten davon dürften Sie aber schon zuhause haben:

- PC oder Notebook
- Internetanschluss
- Telefon

Existenzgründerkonzept Textil- & Modehandel

- Fax (kann auch ein kombiniertes Drucker-Faxgerät sein)
- Drucker
- Bürosoftware

Als Dienstleister müssen außerdem einige Arbeitsmittel, die für die Ausübung der Tätigkeit erforderlich sind, angeschafft werden.

Die Kosten für diese Posten können bei den einzelnen Gründern sehr unterschiedlich ausfallen, da jeder andere Voraussetzungen mitbringt.

Planen Sie den Start Ihres Geschäftes auf jeden Fall so, dass Sie ausreichende finanzielle Rücklagen haben, um mindestens 3, besser 6 Monate davon leben zu können, auch wenn Sie keine Einnahmen haben.

3.2.1 Wenn das Eigenkapital nicht ausreicht

Falls Ihr Eigenkapital nicht ausreicht, um alle nötigen Investitionen für den Start abzudecken, haben Sie verschiedene Möglichkeiten, um an Kapital zu kommen. Wenn Sie momentan arbeitslos sind, sollten Sie bei Ihrem Arbeitsamt einen Antrag auf Existenzgründerzuschuss stellen oder Überbrückungsgeld beantragen. Über die genaue Vorgehensweise beim Antrag und die Leistungen können Sie sich beim Arbeitsamt Ihrer Gemeinde oder Stadt ausführlich informieren.

3.2.2 Kredite für Existenzgründer

Gleich vorweg möchte ich ein weit verbreitetes Vorurteil aus der Welt schaffen:

Es ist keine Schande, als Existenzgründer einen oder mehrere Kredite zur Finanzierung des Geschäftes aufzunehmen!

Was im Privatleben oft verurteilt wird, ist im Geschäftsleben übliche Praxis. Fast kein Existenzgründer kann ein florierendes Unternehmen nur mit eigenem Kapital hochziehen.

Der erste Weg sollte Sie dabei zu Ihrer Hausbank führen. Vielleicht kennen Sie den Filial- oder Zweigstellenleiter schon seit längerer Zeit und sind ihm bisher als guter und treuer Kunde im Gedächtnis. Das bringt enorme Vorteile, wenn es um die Vergabe eines Kredites geht.

Der Businessplan – grundlegend wichtig!

Unabdingbar für die Vergabe eines Existenzgründer-Darlehnens ist es, sich gut auf das Bankgespräch vorzubereiten und der Bank einen sogenannten Businessplan vorzulegen. Darin wird Ihr Vorhaben in allen Einzelheiten offen gelegt und es werden Berechungen für die Rentabilität und die Marktchancen des Geschäftes aufgestellt.

Einen guten Businessplan zu erarbeiten ist keine leichte Angelegenheit. Viele möchten diesen deshalb von einem Profi anfertigen lassen. Es gibt inzwischen Internetshops, in denen man fertige Businesspläne kaufen kann, die bereits erfolgreich eingesetzt wurden. Einen solchen Plan bekommen Sie preisgünstig unter

www.gruenderplan.de

Dieser kostet zwar ein paar Euro, aber diese Investition wird sich garantiert bezahlt machen!

Wenn Sie jedoch schon etwas Vorkenntnisse in diesem Bereich haben, können Sie den Businessplan natürlich auch selbst anfertigen. Entsprechende Muster zum Orientieren finden Sie per Suchmaschine im Internet.

Hilfen rund um das Thema Businesspläne bekommen Sie auch auf der folgenden Internetseite:

www.foerderland.de

Staatliche Fördermaßnahmen und – programme. So kommen Sie an's Geld!

Wenn das Gespräch mit Ihrer Hausbank keinen Erfolg gebracht hat, bieten sich diverse staatliche Förderprogramme für Existenzgründer an.

Existenzgründerkonzept Textil- & Modehandel

Beachten Sie jedoch, dass auch diese Programme immer über Ihre Hausbank beantragt werden müssen. Bleiben Sie also auch bei der Ablehnung eines Kreditwunsches der Bank gegenüber fair – Sie könnten die Bank später noch brauchen!

Die staatlichen bzw. öffentlichen Förderprogramme und Existenzgründer-Kredite bieten im Allgemeinen hervorragende Konditionen, z.B.

- Keine Tilgung in der Startphase des Unternehmens
- Danach über Jahre sehr niedrige Zinsen
- Lange Kaufzeiten der Kredite und dadurch
- Niedrige Raten

Eine wichtige Anlaufstelle für staatliche Fördermittel ist die Deutsche Ausgleichsbank, kurz DtA. Sie fördert seit mehr als einem halben Jahrhundert die Existenzgründung mittelständischer Unternehmen. Über die Einzelheiten der Programme und Leistungen können Sie sich bei Ihrer Hausbank oder unter folgenden Internetadressen informieren:

www.dta.de

www.kfw.de

Auch die einzelnen deutschen Bundesländer bieten eine Vielzahl von verschiedenen Förderprogrammen für Existenzgründer an. Dort können u.U. noch bessere Konditionen gefunden werden, als bei den oben aufgezählten Banken. Leider würde es den Rahmen sprengen, all diese Förderprogramme hier aufzuzählen und zu beschreiben. Informieren Sie sich daher am besten wieder bei Ihrer Hausbank.

3.2.3 Exkurs: Günstige Kredite aus der Schweiz und Luxemburg – ein Geheimtipp!

Wer nach einem günstigen Kredit sucht, sollte auch mal über den Tellerrand schauen und sich im Ausland umsehen. Nachfolgend sollen Ihnen einige Möglichkeiten aufgezeigt werden, wie

Sie in den Ländern Schweiz und Luxemburg günstige Kredite erhalten können.

Schweiz

Es ist ein offenes Geheimnis, dass in der Schweiz Kredite billiger als in der Bundesrepublik Deutschland zu bekommen sind. Das Zinsniveau liegt etwa 5% unter dem bei uns. Die Gründe hierfür sind wohl hauptsächlich darin zu sehen, das die Schweiz als Hort für internationale Gelder angesehen wird. Die "Gnomen" haben also viel Geld, das - wenn es Gewinne erwirtschaften soll - arbeiten muss.

Dennoch wird man Ihnen auf Ihre schönen blauen Augen hin auch in der Schweiz kein Geld nachwerfen, denn Sicherheiten sollten Sie schon haben. Die beliebteste Sicherheit für eine ausländische Bank ist eine Bürgschaft von einer deutschen Bank. Diese Bürgschaft setzt in der Bundesrepublik ein ordentliches Konto, eine hohe Kreditlinie und eine gute Schufa - Auskunft voraus. Sofern Sie diese Voraussetzungen erfüllen, können Sie in der Tat von einem zinsgünstigen Kredit in der Schweiz profitieren.

Sofern Sie diese Bedingungen nicht erfüllen und aufgrund dessen auch keine Bankbürgschaft erhalten, können Sie andere Sicherheiten anbieten. Das mögen die Übereignung einer Lebensversicherung, einer Immobilie, eines Autos im entsprechenden Wert und andere Sachwerte wie eine Münz- oder Briefmarkensammlung, Schmuck oder Gemälde etc. sein.

Sofern Sie die Bürgschaft eines deutschen Kreditinstituts in Anspruch nehmen (können), müssen Sie hierfür allerdings auch bezahlen. Im Allgemeinen verlangen die Banken 0,5% der Bürgschaftssumme - bezogen auf ein Jahr. Rechnen Sie also vor Inanspruchnahme eines Kredits in der Schweiz oder Luxemburg genau durch, was Sie der Gesamtaufwand kostet, da mancher billige Kredit durch die Nebenkosten erheblich verteuert wird,

Existenzgründerkonzept Textil- & Modehandel

Denken Sie auch daran: in dem Moment, wo Sie eine Bürgschaft beantragen, bzw. diese Ihnen gewährt wird, fallen schon die ersten Bereitstellungszinsen an.

Wenden Sie sich zunächst an einige Kreditinstitute, um von dort Angebote zu erhalten und miteinander zu vergleichen.

Fassen Sie Ihr Schreiben unbedingt mit der Schreibmaschine ab und lassen Sie von sich aus den Empfängern folgende Informationen zukommen:

- Wer ist der Kreditnehmer, Personalien, Adresse etc.?
- Welche Bank bürgt für Sie?
- Welcher Betrag - Kredithöhe -wird benötigt?
- Wozu wird der Kredit benötigt?
- Wie soll die Laufzeit aussehen 6 Monate, ein Jahr oder länger?
- Wann benötigen Sie den Kredit (frühestens/spätestens)?
- Wie gedenken Sie zu tilgen?

Beantworten Sie dem Bankinstitut diese Fragen im voraus, dann sparen Sie sich Zeit und Schreiberei.

Offerieren Sie außerdem die erforderlichen Unterlagen zur Einsicht, ohne sie indes schon beizufügen.

Adressen von Schweizer Banken finden Sie in den "Gelben Seiten" (Branchenbuch), die Sie von folgender Anschrift beziehen können:

Mosse Adress AG, Binzstr. 18, Postfach, CH- 8045 Zürich, Schweiz (Tel.: 01 - 461 4800)

Existenzgründerkonzept Textil- & Modehandel

Luxemburg

Für Luxemburg gilt in punkto Sicherheiten das Gleiche wie für die Schweiz. Da jedoch die dort ansässigen Geldinstitute weniger Festgeldreserven (zur Einlagensicherung) benötigen als etwa in der Bundesrepublik Deutschland, können Sie mehr Kapital verleihen - und damit mehr Zinsen einnehmen. Das wiederum wirkt sich auf den Zinssatz günstig aus.

Daneben ist Luxemburg als europäischer Hauptfinanzplatz daran interessiert auch künftig keine Quellensteuer zu erheben. Allerdings kann niemand sicher voraussagen, wie lange diese Steuerfreiheit noch bestehen bleibt.

Anders als in der Schweiz können Sie sich in Luxemburg sogar an die Zweigstellen deutscher Banken wenden, die dort nach luxemburgischen Recht ihre Kredite vergeben. Dadurch haben Sie in vielen Fällen die Möglichkeit, sich über die Kontaktstellen in Deutschland weiterführende Informationen zu den einzelnen Angeboten zu beschaffen. Es sind dies folgende Anschriften:

- **Berliner Bank International, Société Anonyme,**

    Boite Postal 71, L- 2010 Luxembourg,

    Tel. 00352 - 4778 -1

- **BfG Luxembourg S.A., rue Jean Bertholet,**

Existenzgründerkonzept Textil- & Modehandel

L- 1233 Luxembourg,

Tel: 00352 - 45 22 551

- **Commerzbank International, Société Anonyme,**

  Boite Postal 303, L- 2010 Luxembourg,

  Tel. 00352 - 47 79 11 - 1

- **Compagnie Luxembourgoise de la Dresdener Bank AG**

  26, rue du Marcheé- aux Herbes, L- 1728 Luxembourg,

  Tel. 00352 - 47 60 1

- **Deutsche Bank Luxembourg S.A.,**

  Boite Postal 586, L- 2015 Luxembourg,

  Tel. 00352 - 4 68 18 - 1

- **Helaba - Hessische Landesbank International**

Existenzgründerkonzept Textil- & Modehandel

Boite Postal 1702, L-1017 Luxembourg,

Tef. 00352 - 499 40 11

- **Hypobank International, Société Anonyme**

  37, bd. Du Prince Henri, L-1144 Luxembourg

  Tel. 00352 - 4775 - 1

- **Landesbank Rheinland Pfalz Internatinoal S.A.,**

  rue de I´Ancien Athéné, L-1144 Luxembourg

  Tel. 00352 - 47 59 21 - 1

- **Landesbank Schleswig Holstein International S.A.,**

  18, boulevard Royal, L-2449 Luxembourg,

  Tel. 00352- 48 18 42- 1

- **Südwestdeutsche Landesbank Luxembourg S.A.,**

Existenzgründerkonzept Textil- & Modehandel

Boite Postal 626, L- 2016
Luxembourg,

Tel. 00352 - 45 35 45 - 1

- **Trinkhaus & Burkhardt International S.A.**

    Boite Postal 579, L- 2015
    Luxembourg,

    Tel. 00352 - 47 18 47 - 1

- **West LB International S.A, Luxembourg,**

    Boite Postal 420, L- 2014
    Luxembourg,

    Tel. 00352 - 44 74 11

4. Die bürokratischen Hürden

Es ist nun also soweit – das Konzept steht! Bevor Sie aber mit dem Geldverdienen loslegen können, sind noch einige Auflagen zu erfüllen. Tun Sie dies nicht, drohen empfindliche Strafen seitens des Gesetzgebers bzw. vom Finanzamt. Das Ganze ist aber gar nicht so schwierig, wie Sie vielleicht denken.

4.1 Die richtige Rechtsform wählen

Sie starten in der Regel Ihre Tätigkeit als Einzelunternehmen, egal, ob haupt- oder nebenberuflich. In Punkto Buchhaltung und Steuern haben wir es hier mit der weitaus einfachsten Form der Existenzgründung zu tun. Diese Rechtsform entsteht sozusagen automatisch, wenn Sie allein ein Geschäft eröffnen. Folglich sind Sie allein der Geschäftsführer und -inhaber und haften im Fall der Fälle mit Ihrem gesamten Privatvermögen.

Das gilt ebenso, wenn Sie sich mit Ihrem Partner oder einem Freund bzw. Verwandten selbstständig machen wollen. In diesem Fall nennt sich die einfachste Rechtsform „GbR = Gesellschaft bürgerlichen Rechts". Sie ist absolut vergleichbar in ihren Rechten und Pflichten mit der Einzelunternehmung – nur eben für zwei- oder mehr Gründer.

Die nachfolgenden Fakten gelten also für beide Rechtsformen. In der Regel beginnen Sie Ihr Geschäft als sogenannter „Kleinunternehmer". Dafür gelten bestimmte Umsatzhöchstgrenzen, die Sie anfangs aber ganz sicher nicht überschreiten werden.
Sie müssen sich als Kleinunternehmer weder ins Handelsregister eintragen lassen, noch eine komplette kaufmännische Buchführung einrichten. Eine einfache Einnahme-Überschuss-Rechung reicht dafür völlig aus (mehr dazu später).

In Ihren Geschäftspapieren müssen Sie als Einzelunternehmer oder GbR Ihre(n) vollen Namen angeben. Als Firmenbezeichnung sind lediglich Zusätze wie „Versandhandel Peter Müller" zulässig. Grund dafür ist, dass eine Firma, die nicht im Handelsregister eingetragen ist, nicht mehr ausfindig gemacht werden kann, wenn sie verzogen ist und kein Name in der Firmenbezeichnung vorhanden ist.

4.2 Die Gewerbeanmeldung – jetzt gehts los!

Der grundlegende Schritt auf dem Weg zum eigenen Chef ist die Anmeldung eines Gewerbes. Das kann meistens bei Ihrer Stadt- bzw. Gemeindeverwaltung erledigt werden und dauert nur ein paar Minuten. Nehmen Sie zu diesem Termin unbedingt Ihren (gültigen) Personalausweis mit.

Die Anmeldung erfolgt durch das Ausfüllen eines vorgefertigten Formulares. Oft macht dies der Beamte für Sie, bei manchen Behörden muss es der Anmelder selbst tun. In das Formular müssen u.a. folgende Angaben eingetragen werden:

- Persönliche Daten, wie Name, Adresse und Telefonnummer
- Art des Gewerbes
- Mitarbeiterzahl
- Beginn der gewerblichen Tätigkeit usw.

Beachten Sie unbedingt, dass Sie für den Beginn der gewerblichen Tätigkeit kein zurückliegendes Datum angeben, das könnte große Probleme mit dem Finanzamt geben. Unter dem folgenden Link können Sie sich einen Musterbogen für eine Gewerbeanmeldung ansehen, damit Sie schon vorher wissen, welche Fragen auf Sie zukommen:

http://www.selberhandeln.de/servlet/PB/show/1009445/Gewerbe-Anmeldung-muster.pdf

Noch ein Tipp: Die nachfolgende Adresse bietet eine Checkliste mit Fragen rund um die Gewerbeanmeldung:

http://www.vnr.de/imperia/md/content/vnrde/9.pdf

> **Tipp:**
>
> **Unter „Angemeldete Tätigkeit" sollten Sie eine möglichst weitläufige Bezeichnung wählen, wie z.B. „Handel mit erlaubnisfreien Waren aller Art über Internet"**
>
> **Das erspart Ihnen spätere kostenpflichtige Änderungen in Ihrer Gewerbeanmeldung!**

Nachdem Sie die Gewerbeanmeldung abgeschlossen und einen Betrag von 15-30 Euro an die Stadtkasse entrichtet haben, sind Sie jetzt stolzer Inhaber eines Unternehmens und Ihr eigener Chef!

HERZLICHEN GLÜCKWUNSCH!

4.3 Was kommt nach der Gewerbeanmeldung?

Nach der Gewerbeanmeldung werden von Ihrer Stadt- bzw. Gemeindeverwaltung automatisch einige weitere Institutionen benachrichtigt, die sich in Kürze schriftlich melden werden. Die wichtigsten sind:

4.3.1 Das Finanzamt

Das für Sie zuständige Finanzamt bekommt eine Durchschrift der Gewerbeanmeldung von der Anmeldestelle zugesandt und wird sich daraufhin umgehend bei melden und Ihnen einen sogenannten „Betriebseröffnungsbogen" zuschicken. In diesem Bogen müssen Sie detaillierte Angaben zu Ihrer Person und dem Betrieb machen.

Das Finanzamt fragt Sie außerdem nach dem zu erwartenden Gewinn Ihres Betriebes im ersten Jahr. Hier sollten Sie nicht mit großen Zahlen „protzen", sondern eher zurückhaltend sein, da sonst erhebliche Steuervorauszahlungen auf Sie zukommen können.

Die meisten Gründer setzen hier einfach „Null" ein, da sie davon ausgehen, im ersten Jahr noch keine Gewinne einfahren zu können. So müssen sie noch keine Steuervorauszahlungen leisten. Aber Vorsicht: Am Ende des Jahres wird abgerechnet! Und wenn Sie wider Erwarten doch ansehnliche Gewinne einfahren konnten, müssen Sie die entsprechenden Steuern nun nachzahlen.

4.3.2 Die Industrie- und Handelskammer

Die Industrie- und Handelskammer, kurz IHK, ist sozusagen die Gewerkschaft der Unternehmer. Sie vertritt ihre Mitglieder gegenüber Behörden, Gerichten und der Politik. Außerdem steht sie ihren Mitgliedern mit Informationen, Beratungen und Schulungen zur Seite.

Mit der Anmeldung eines gewerblichen Wirtschaftsbetriebes werden Sie automatisch und zwangsweise Mitglied Ihrer zuständigen IHK. Dafür verlangt die IHK eine Gebühr, die jährlich zu entrichten ist. Es gibt jedoch Gewinnmindestgrenzen, bis zu denen keine Mitgliedbeiträge erhoben werden. Da Sie als Existenzgründer sehr wahrscheinlich darunter fallen, sollten Sie sich deswegen keine Sorgen machen. Die IHK wird Sie mit einem Fragebogen anschreiben und nach den zu erwartenden Gewinnen fragen. Wenn Sie keine oder nur sehr geringe Gewinne in Aussicht stellen, wird man Sie vom Beitrag befreien.

4.3.3 Berufsgenossenschaften

Nach Ihrer Gewerbeanmeldung wird sich auch die zuständige Berufsgenossenschaft schriftlich bei Ihnen melden. Hauptaufgabe dieser Genossenschaft ist der Arbeitsschutz und die Unterstützung nach berufsbedingten Unfällen und bei Krankheiten. Auch dort werden Sie Pflichtmitglied und müssen einen Jahresbeitrag zahlen, für den jedoch das Selbe gilt wie bei der IHK.

Existenzgründerkonzept Textil- & Modehandel

5. Die betriebliche Buchführung – ganz leicht!

Als Selbstständiger bekommen Sie nicht mehr jeden Monat ein Gehalt ausgezahlt und brauchen sich sonst um nichts zu kümmern. Als Unternehmer haben Sie eine sogenannte „Buchführungspflicht", um die Zahlungsein- und -ausgänge genau zu dokumentieren und dadurch die korrekten Steuern und Sozialabgaben abführen zu können.

Um die richtige Buchführung ranken sich viele Geschichten und Geheimnisse. Manche meinen, das könne nur ein Steuerberater oder ausgebildeter Buchhalter machen. Alles Quatsch! Als Existenzgründer sollten Sie den leichten Weg gehen, den ich im Folgenden beschreiben werde.

5.1 Der einfache Weg zur korrekten Buchführung

Grundsätzlich unterscheidet man zwei Arten der betrieblichen Buchführung:

- Die vereinfachte Form der Buchführung
- Die vollständige (doppelte) Buchführung

Die vollständige Buchführung mit Bilanzierung ist für einen Laien allein nicht zu schaffen. Hier ist immer ein ausgebildeter Buchhalter oder Steuerberater notwendig.

Die einfache Buchführung hingegen können Sie auch selbst durchführen. Man spricht hier auch von der „Einnahme-

Existenzgründerkonzept Textil- & Modehandel

Überschuss-Rechnung". Das heißt, die Einnahmen Ihres Betriebs (z.B. aus Warenverkäufen) werden einfach den Ausgaben (z.B. Wareneinkäufen beim Großhändler) gegenübergestellt und der (hoffentlich) verbleibende Überschuss stellt Ihren Gewinn dar.

Diese vereinfachte Form der Buchführung unterliegt zwei Bedingungen:

- Sie dürfen nicht im Handelsregister eingetragen sein
- Ihr (voraussichtlicher) Jahresgewinn beträgt höchstens 30.000 Euro und der Jahresumsatz liegt nicht über 350.000 Euro.

Es sollte also für Sie kein Problem sein, die vereinfachte Buchführung zu nutzen. Wie bereits erwähnt, brauchen Sie bei der Einnahme-Überschuss-Rechnung lediglich Ihre Einnahmen aufzulisten und davon die Ausgaben abzuziehen. Und das machen Sie am besten so:

Der Bereich Einnahmen sollte in mehrere Unterkonten aufgeteilt werden, z.B.

- Warenverkäufe
- Provisionen
- Umsatzsteuererstattungen des Finanzamtes
- Veräußerungserlöse betrieblicher Wirtschaftsgüter
- Sonstige Betriebseinnahmen

Genauso verfahren Sie bei den Ausgaben und teilen auch diese in mehrere Konten ein:

- Wareneinkäufe

Existenzgründerkonzept Textil- & Modehandel

- Löhne & Gehälter incl. Steuern (falls Sie Mitarbeiter beschäftigen)
- Soziale Aufwendungen
- Büromaterial
- KFZ-Kosten (nur der betriebliche Anteil)
- Telefon, Porto etc.
- Abschreibungen
- Umsatzsteuerzahlungen an das Finanzamt
- Sonstige Betriebsausgaben

Am Monatsende stellen Sie einfach alle Kosten gegenüber und erhalten so Ihren Gewinn oder Verlust. Am Jahresende kann man durch addieren der Monatszahlen den Jahresgewinn bzw. -verlust ermitteln.

5.2 Die geeignete Buchhaltungssoftware – völlig kostenlos!

Alle Einnahmen und Ausgaben per Hand zu archivieren wäre allerdings viel Arbeit und heutzutage völlig überholt. Sie brauchen also eine einfache Buchhaltungssoftware, mit der Sie Ihre Buchführung komfortabel und zeitsparend machen können.

Nichts leichter als das! Als optimal für diesen Zweck hat sich das Programm „Easy Cash & Tax" erwiesen. Es wird als sogenannte „Charityware" angeboten, das heißt, die Software ist voll funktionsfähig und frei kopierbar. Außerdem ist sie kostenfrei, bei gefallen steht es Ihnen jedoch frei, dem Entwickler eine Spende in beliebiger Höhe zukommen zu lassen.

Die Bedienung von „Easy Cash & Tax" ist intuitiv und denkbar einfach. Eine genaue Anleitung gibt es auf der Website dazu.

Und hier können Sie sich „Easy Cash & Tax" herunterladen:

http://www.easyct.de/

Zusätzlich und ebenfalls kostenlos erhalten Sie hier jeweils die neuesten Updates und Zusatzmodule für Ihre Software, z.B. für die elektronische Übertragung Ihrer Umsatzsteuervoranmeldung an das Finanzamt.

5.3 Steuern – machen Sie es sich leicht!

Der Steuerdschungel ist ein leidiges Thema. Doch auch hier wollen wir uns es leicht machen und betrachten nur die Steuern, die Anfangs für Ihr neu angemeldetes Gewerbe in Frage kommen.

5.3.1 Umsatzsteuer (Mehrwertsteuer)

Achtung: Der folgende Abschnitt gilt nur für Existenzgründer, die bei ihrer Gewerbeanmeldung **nicht** die Kleinunternehmerregelung beantragt haben. Die Kleinunternehmerregelung besagt, dass Sie darauf verzichten, die Umsatzsteuer in Ihren Rechnungen geltend zu machen, dafür aber auch beim Wareneinkauf keine Vorsteuer abziehen dürfen.

Dieser Steuer unterliegt jeder, der selbstständiger Unternehmer ist, also eine gewerbliche Tätigkeit selbstständig ausübt. Die Umsatzsteuer wird auf alle Rechnungsbeträge aufgeschlagen. Sie beträgt z.Zt. 16 %, allerdings werden für manche Waren und Dienstleistungen (z.B. Lebensmittel, Bücher, Zeitschriften, Honorare etc.) nur 7 % Umsatzsteuer fällig.

Umsatzsteuer, umgangssprachlich auch Mehrwertsteuer genannt, ist im Prinzip fremdes Geld – nämlich dem Finanzamt gehörend. Deshalb müssen Sie es umgehend abführen. Sie können allerdings vorher die Umsatzsteuer abziehen, die Sie selbst an Ihre Lieferanten oder für andere geschäftliche Dinge bezahlt haben. Dieses nennt sich „Vorsteuerabzug"

Beispiel zur Umsatzsteuerhandhabung:

Sie verkaufen ein Handy. Es erzielt einen Verkaufspreis von 100.- EUR. Von diesen 100.- EUR müssen Sie 16% = 16.- EUR als Umsatzsteuer an das Finanzamt abführen.

Bei Ihrem Lieferanten, z.B. dem Großhändler, haben Sie einen Einkaufspreis von 75.- EUR für das Handy bezahlt. In diesem Preis stecken ebenfalls 16% Umsatzsteuer = 12.- EUR.

Diese 12.- EUR, die Sie ja für das Handy mitbezahlt haben, ziehen Sie nun von den 16.- EUR aus dem Verkauf ab. Die Differenz von 4.- EUR ist der Betrag, den Sie tatsächlich an das Finanzamt abführen müssen. Sie entspricht genau 16% Ihres erzielten Gewinnes (100.- EUR – 75.- EUR = 25.- EUR / 16 % = 4.- EUR).

Zahlungsfrist für Umsatzsteuer:

Im ersten Jahren Ihrer Selbstständigkeit wird das Finanzamt auf jeden Fall verlangen, dass Sie Ihre Umsatzsteuer monatlich abführen. Sobald Sie die erste Jahressteuererklärung eingereicht haben, wird dann die Zahlungsfrist neu festgelegt, und zwar in Abhängigkeit Ihres Umsatzes.

5.3.2 Einkommenssteuer

Die Einkommenssteuer, bei Nichtselbstständigen auch Lohnsteuer genannt, bezahlen Sie aufgrund dessen, was Sie als Einzelperson verdienen. Sie berechnet sich aus Ihrem Gewinn, der nach Abzug von Sonderausgaben und Werbungskosten übrigbleibt – aus dem Überschuss also, den Sie haben, wenn Sie Ihre Ausgaben von den Einnahmen abziehen.

Wenn Sie Ihre Selbstständigkeit beginnen, erkennt das Finanzamt normalerweise an, dass Sie viele finanzielle Belastungen haben und verlangt zumindest im ersten Jahr noch keine Einkommenssteuerzahlungen von Ihnen. Aber Vorsicht: Wer gleich von Anfang an hohe Umsätze und damit gute Gewinne macht, muss mit hohen Nachzahlungen rechnen.

> Tipp:
>
> Als Faustregel gilt: Sie sollten von Anfang an rund 50 % Ihrer Gewinne zurücklegen, um davon später alle Steuern zahlen zu können. Die anderen 50 % können Sie getrost für Ihren Lebensunterhalt ausgeben. Damit sind Sie immer auf der sicheren Seite.

5.3.3 Gewerbesteuer

Die Gewerbesteuer muss von jedem Gewerbebetrieb bezahlt werden, der mit seinen Umsätzen eine bestimmte Höchstgrenze überschreitet. Erhoben wird diese Steuer von Ihrer Stadt- oder Gemeindeverwaltung.

Aufgrund der recht hohen Grenze, unter der Sie keine Gewerbesteuer bezahlen müssen, werden Sie in den ersten Jahren Ihrer Selbstständigkeit damit nicht in Berührung kommen. Über die genauen Grenzbeträge können Sie sich wiederum bei Ihrer Stadt- bzw. Gemeindeverwaltung informieren.

5.4 Versicherungen – so viel Sicherheit brauchen Sie

Die richtigen Versicherungen zu finden ist wirklich nicht gerade einfach. Wahrscheinlich sind Sie in diesem Bereich schon aus Ihrem Privatleben vorbelastet. Als Gewerbetreibender kommen in diesem Bereich eine Fülle an neuen Versicherungsformen hinzu. Ich möchte es Ihnen hier wieder so einfach wie möglich machen und behandele deshalb nur die Versicherungen, die Sie am Anfang Ihrer Selbstständigkeit erfahrungsgemäss wirklich brauchen.

5.4.1 Private Versicherungen

Als Selbstständiger haben Sie es gut: Wenn Sie einmal krank oder sonst irgendwie verhindert sind, müssen Sie nicht zwangsweise zum Arzt gehen und ein Attest beim Arbeitgeber einreichen. Sie sind völlig frei und können selbst entscheiden, wann Sie arbeiten wollen und wann nicht.

Doch die Sache hat einen Haken: Wenn Sie einmal arbeiten wollen, aber z.B. wegen einem Unfall oder längerer Krankheit nicht mehr können, zahlt Ihnen niemand ein Gehalt weiter. Sie stehen also vor dem Nichts – es sei denn, Sie sind gut versichert.

Die Krankenversicherung – unverzichtbar!

Als Angestellter Arbeitnehmer waren Sie über Ihren Arbeitgeber zwangsweise krankenversichert und mussten sich wenig um solche Belange kümmern. Als Selbstständiger müssen Sie dagegen selbst für Ihren Schutz sorgen. Dabei haben Sie zwei Möglichkeiten: Sie können sich freiwillig weiter in einer gesetzlichen Krankenversicherung weiter versichern lassen oder zu einer privaten Krankenversicherung wechseln.

Die gesetzliche Krankenversicherung bietet einen großen Vorteil: Die Familienversicherung. Das heißt, wenn Ihr Partner nicht selbst berufstätig ist, ist er kostenlos bei Ihnen mit krankenversichert. Auch Ihre Kinder sind in dieser freiwilligen Versicherung mit eingeschlossen.

Dagegen steht allerdings ein recht hoher Beitragssatz, den es zu zahlen gilt. Gerade am Anfang, wenn Sie noch keine großen

Existenzgründerkonzept Textil- & Modehandel

Einnahmen haben, wird dieser einer der größten Posten in Ihren monatlichen Belastungen sein. Allerdings ist eine Krankenversicherung heutzutage unverzichtbar.

Falls Sie sich eher für die Versicherung in einer privaten Krankenkasse interessieren, sollten Sie folgendes bedenken: Wenn Sie einmal von der gesetzlichen in die private Krankenversicherung gewechselt sind, gibt es kein zurück mehr, d.h. die gesetzliche Krankenkasse wird Sie nicht mehr als Mitglied aufnehmen.

Viele Existenzgründer wechseln übereilt in eine private Krankenversicherung, weil die Beiträge anfangs um einiges günstiger sein können. Leider wendet sich dieses Blatt oft mit zunehmendem Alter und es werden horrende Summen für den Versicherungsschutz fällig. Überlegen und vergleichen Sie also genau und unterschreiben Sie nicht voreilig einen Vertrag!

Krankentagegeldversicherung

Eine Krankentagegeldversicherung ist oft schon in Ihrer Krankenversicherung enthalten. Sie springt normalerweise dann ein, wenn Sie einmal länger als 6 Wochen krank sind. Da aber 6 Wochen für einen Selbstständigen durchaus den finanziellen Ruin bedeuten können, kann es sich lohnen, eine Zusatzversicherung für diesen Fall abzuschließen. Sie springt dann schon früher ein und sichert Ihre Existenz.

Dabei können Sie meist flexibel wählen, wann diese Zusatzversicherung einspringen soll und wie viel Tagegeld sie zahlen soll. Ich brauche sicher nicht zu erwähnen, dass die Versicherung umso teurer wird, je früher sie einspringen soll.

Berufsunfähigkeitsversicherung

Diese Versicherung sollte man unbedingt als Ergänzung zur Krankenversicherung abschließen. Sie zahlt dann eine sogenannte „Invalidenrente", wenn Sie nach 6 Monaten Krankheit überhaupt nicht mehr arbeiten können. Diese Rente richtet sich nach dem Invaliditätsgrad und beginnt bei 25 oder 50% Invalidität.

Rentenversicherung

Als Angestellter brauchen Sie sich um die Rentenversicherung keine Sorgen zu machen – Sie sind über Ihren Arbeitgeber pflichtversichert. Anders geht es da dem Selbstständigen. Er hat keine Pflicht, für das Alter vorzusorgen. Wenn er es freiwillig tut (und das sollte er auf jeden Fall!), hat er mehrere Möglichkeiten.

Sie könnten sich freiwillig in der gesetzlichen Rentenversicherung weiter versichern, doch das machen die wenigsten Selbstständigen. Der Grund dafür ist, dass Ihre Rentenansprüche nur ganz wenig ansteigen – selbst, wenn Sie den Höchstsatz an Beiträgen Monat für Monat einzahlen. Also eine eher schlechte Lösung.

Für Selbstständige ist eine private Vorsorgelösung viel besser geeignet. Da es unzählige Formen dieser Vorsorgemaßnahmen gibt, sollten Sie sich mit einem unabhängigen Versicherungsberater zusammensetzen und nach einer guten Lösung suchen.

Unfallversicherung

Hier haben Sie die Wahl zwischen der gesetzlichen und der privaten Unfallversicherung, manche schließen sogar beides ab. Die gesetzliche Unfallversicherung wird über die für Sie zuständige Berufsgenossenschaft abgeschlossen und deckt ausschließlich Unfälle ab, die bei der Ausübung Ihres Berufes passieren. Sie ist für Selbstständige, die im Freien arbeiten, oft unterwegs sind oder mit gefährlichen Stoffen hantieren, obligatorisch. Für Selbstständige, die nur am Schreibtisch arbeiten ist sie dagegen verzichtbar.

Die private Unfallversicherung deckt alle Unfälle ab, die Ihnen im Privatleben bzw. in der Freizeit passieren. Ob diese für Sie sinnvoll ist, hängt von Ihren persönlichen Gewohnheiten, Hobbys, Reisen etc. ab.

5.4.2 Betriebliche Versicherungen

Die betrieblichen Versicherungen sollen für alle Eventualitäten in Ihrer Firma Sicherheit bieten. Es gibt unzählige Arten und Modelle für betriebliche Versicherungen – sie alle aufzuzählen würde den Rahmen dieses Buches sprengen. Außerdem hängen diese Versicherungen von so vielen individuellen Faktoren ab, dass sich keine seriösen pauschalen Tipps und Hinweise aufstellen lassen. Setzen Sie sich dafür unbedingt mit einem Versicherungsberater zusammen, idealerweise einem, der unabhängig ist, d.h. keiner einzelnen Versicherungsgesellschaft angehört.

Zum besseren Überblick hier eine kurze Übersicht der wichtigsten betrieblichen Versicherungen:

Firmenhaftpflichtversicherung: Deckt Schäden ab, die durch die Ausübung Ihrer beruflichen Tätigkeit oder der Ihrer Mitarbeiter entstehen.

Rechtschutzversicherung: Deckt alle Rechtsstreitigkeiten ab, die bei der Ausübung Ihres Berufes entstehen, z.B. Schadensersatz, Urheberrechtsfälle, Sozialgerichtsfälle, Produkthaftung uvm.

Einbruch-/Diebstahl- & Feuerversicherung: Sichern Ihr Betriebsgebäude und die Einrichtung gegen diese Elementarschäden ab. Oft werden die Versicherungen in einem kombinierten Paket angeboten.

Betriebsunterbrechungsversicherung: Diese tritt dann in Kraft, wenn in Ihrem Betrieb die Produktion von Waren oder die Ausübung von Dienstleistungen durch Feuer, Energieausfall, Maschinenschäden o.ä. unterbrochen wird. Sie können meistens selbst auswählen, wie lange diese Versicherung bei einem Schaden einspringen soll. Natürlich ist das auch eine Kostenfrage.

<u>Transportversicherung:</u> Wenn Sie Waren oder Arbeitsmittel zu Interessenten und Kunden befördern, kann die Ware gestohlen oder durch Unfälle und Elementarschäden zerstört werden. In diesen Fällen greift die Transportversicherung und ersetzt die entstandenen Schäden. Den Umfang können Sie dabei meist selbst festlegen.

Existenzgründerkonzept Textil- & Modehandel

6. Marketing – unterwegs in eigener Sache

Wer nicht wirbt, der stirbt! Dieser platte Spruch bewahrheitet sich leider immer wieder. Doch in kaum einem anderen Bereich werden mehr Fehler gemacht, die letztendlich viel Geld kosten, als im Bereich Marketing und Werbung. Da tut guter Rat wirklich Not. Die besten und effektivsten Tipps und Ratschläge rund um das Thema Marketing bekommen Sie in diesem Kapitel.

6.1 Internet-Werbung

Über 2000 Internetadressen für kostenlose Anzeigen finden Sie in der entsprechenden Extradatei auf dieser CD.

6.2 Werbung in Zeitungen und Zeitschriften

Gerade für Existenzgründer im Dienstleistungsbereich sind Zeitungen und Zeitschriften das bevorzugte Werbemedium. Aber auch für Gründer im Handelsbereich kann diese Werbung sinnvoll sein. Deshalb hier die besten Kontaktadressen von regionalen und überregionalen Zeitungen und Zeitschriften:

Aachener Nachrichten	info@an-online.de
Aachener Zeitung	info@aachener-zeitung.de
Alfelder Zeitung	info@alfelder-zeitung.de
Aller Zeitung	az@madsack.de

Existenzgründerkonzept Textil- & Modehandel

Allgäuer Anzeigeblatt	info@allgaeuer-anzeigeblatt.de
Allgäuer Zeitung	redaktion@azv.de
Allgemeine Laber-Zeitung	redaktion@laber-zeitung.de
Allgemeine Zeitung (Coesfeld)	redaktion@azonline.de
Allgemeine Zeitung (Mainz)	webmaster@main-rheiner.de
Allgemeiner Anzeiger (Halver)	aa@mzv.net
Altenaer Kreisblatt	ak@mzv.net
Altländer Tageblatt	redaktion-std@tageblatt.de
Altmühl-Bote	verlag@altmuehl-bote.de
Alt-Neuöttinger Anzeiger	pnp@vgp.de
Amberger Nachrichten	AN@donau.de
Amberger Zeitung	redaktion@oberpfalznetz.de
Anzeiger für Harlingerland	anzeiger@ost-friesland.de
Ärzte-Zeitung	redaktion@aerztezeitung.de
Augsburger Allgemeine	info@augsburger-allgemeine.de
Backnanger Kreiszeitung	info@bkz-online.de
Baden Online / Badische Presse	juergen.rohn@reiff.de
Badische Zeitung	redaktion@badische-zeitung.de
Bayerische Rundschau	br@baumann-online.de
Bayerwald-Bote	pnp@vgp.de
Bayerwald Echo	mz-redaktion@mz.donau.de
Bergische Landeszeitung	BLZ.GL@kr-redaktion.de
Berliner Abendblatt	redaktion@gujba.com

Existenzgründerkonzept Textil- & Modehandel

Berliner Kurier	bkrbk@berlinonline.de
Berliner Morgenpost	redaktion@berliner-morgenpost.de
Berliner Zeitung	redaktion@bz-berlin.de
Biebertal-Wetterberger	red@lahn-dill.de
Bietigheimer Zeitung	redaktion@bietigheimerzeitung.de
Bild	brief@bild.de
Bleckeder Zeitung	webmaster@joswigweb.de
Böblinger Bote	info@bb-live.de
Bocholter-Borkener Volksblatt	redaktion@bbv-net.de
Böhme-Zeitung	mail@boehme-zeitung.de
Bogener Zeitung	redaktion@bogener-zeitung.de
Bonner Rundschau	Bonner.Rundschau@kr-redaktion.de
Bönnigheimer Zeitung	info@bietigheimermedien.de
Borkener Zeitung	verlag@bz-net.de
Borkumer Zeitung	verlag@borkumer-zeitung.de
Braunschweiger Zeitung	redaktion.newsclick@newsclick.de
Bremer Nachrichten	jens.tittmann@team.nwn.de
Brunsbütteler Zeitung	redaktion@sh-nordsee.de
Buersche Zeitung	linnhoff@westline.de
Burghauser Anzeiger	pnp@vgp.de
Buxtehuder Tageblatt	redaktion-bux@tageblatt.de
BZ Berlin	redaktion@bz-berlin.de
Cellesche Zeitung	redaktion@cellesche-zeitung.de
Chamer Zeitung	redaktion@chamer-zeitung.de
Chiemgau-Zeitung	info@ovb.net

Existenzgründerkonzept Textil- & Modehandel

Coburger Tageblatt	Redaktion@ct-coburg.de
Cuxhavener Nachrichten	Redaktion@CuxOnline.de
Darmstädter Echo	redaktion@darmstaedter-echo.de
Dedinghausen Aktuell	d.a.@dedinghausen.de
Deggendorfer Zeitung	pnp@vgp.de
Deister- und Weser-Zeitung	redaktion@dewezet.de
Delmenhorster Kreisblatt	info@dk-online.de
Der Bote für Nürnberg-Land	redaktion@der-bote.de
Der neue Tag	redaktion@oberpfalznetz.de
Der Patriot	zeitungsverlag@derpatriot.com
Der Tagesspiegel	redaktion@tagesspiegel.de
Der Teckbote	koehle@teck.de
Der Westallgäuer	redaktion@azv.de
Deutsches Allg. Sonntagsblatt	ds@sonntagsblatt.de
Die Glocke (Oelde)	postmaster@die-glocke.de
Die Harke (Nienburg)	lokales@harke-online.de
Die Rheinpfalz	redaktion@ron.de
die tageszeitung [taz]	briefe@taz.de
Die Welt	redaktion@welt.de
Die Zeit	redaktion@zeit.de
Dill Post	red@lahn-dill.de
Dill-Zeitung / Haigerer Kurier / Herborner Echo	dillewd@dill.de
Dithmarscher Landeszeitung	dlz-bz@sh-nordsee.de

Existenzgründerkonzept Textil- & Modehandel

Döbelner Anzeiger	da-online@doebeln-sachsen.de
Donaukurier	info@clix.de
Donau Post	redaktion@donau-post.de
Donau-Zeitung	info@augsburger-allgemeine.de
Donauwörther Zeitung	info@augsburger-allgemeine.de
Dresdner Neueste Nachrichten	d.birgel@dnn.de
Dürener Zeitung	info@aachener-zeitung.de
Düsseldorfer Nachrichten	online-redaktion@wz-newsline.de
Eckernförder Zeitung	redaktion@eckernfoerder-zeitung.de
Eichstätter Kurier	online-redaktion@donaukurier.de
Elbmarschpost	redaktion@elbmarschpost.de
Elmshorner Nachrichten	redaktion@en-online.de
Emsdettener Volkszeitung	redaktion@westline.de
Erlanger Nachrichten	redaktion@erlanger-nachrichten.de
Eßlinger Zeitung	redaktion@ez-online.de
EUR-OP News	info-info-opoce@cec.eu.int
Express	redaktion@express.de
Financial Times Deutschland	info@ftd.de
Focus	redaktion@focus.de
Frankenpost	cvd@frankenpost.de
Frankfurter Allgemeine Zeitung	redaktion@faz.de
Frankfurter Neue Presse	fnp@rhein-main.net
Frankfurter Rundschau	redaktion@fr-aktuell.de

Existenzgründerkonzept Textil- & Modehandel

Fränkische Nachrichten	chefredaktion@fraenkische-nachrichten.de
Fränkischer Anzeiger	info@rotabene.de
Fränkischer Tag	w.lorz@f-t.de
Freie Presse	online-redaktion@freiepresse.de
Freies Wort	redaktion@freies-wort.de
Freitag (Die Ost-West-Wochenzeitung)	redaktion@freitag.de
Friedberger Allgemeine	info@augsburger-allgemeine.de
Fuldaer Zeitung	webmaster@fulda-online.de
Fürther Nachrichten	fn-redaktion@pressenetz.de
Füsser Blatt	redaktion@holdenried.com
Gäubote Herrenberg	redaktion@gaeubote.de
Gandersheimer Kreisblatt	kreisblatt@t-online.de
Gelnhäuser Neue Zeitung	redaktion@gnz.de
Gelnhäuser Tageblatt	redaktion@gt-online.net
General-Anzeiger (Bonn)	redaktion@ga-bonn.de
General-Anzeiger Ostfriesl. / Oldenburg / Emsland	wm@ga-online.de
General-Anzeiger Rhauderfehn	ga-info@ga-online.de
General Anzeiger Wuppertal	online-redaktion@wz-newsline.de
Gießener Allgemeine Zeitung	redaktion@giessener-allgemeine.de
Gießener Anzeiger	redaktion@anzeiger.net
Gmünder Tagespost	gt-redaktion@tagespost.de
Goslarsche Zeitung - Harzer Tageblatt	redaktion@goslarsche-zeitung.de

Existenzgründerkonzept Textil- & Modehandel

Göttinger Tageblatt	GTageblatt@aol.com
Grafenauer Anzeiger	pnp@vgp.de
Grafschafter Nachrichten	gn@gnonline.de
Gränzbote Schwaben	information@szo.de
Günzburger Zeitung	info@augsburger-allgemeine.de
Haigerer Zeitung	red@lahn-dill.de
Haller Kreisblatt	redaktion@haller-kreisblatt.de
Haller Tagblatt	redaktion@hallertagblatt.de
Hallertauer Zeitung	mail@www.hallertauer-zeitung.de
Hamburger Abendblatt	briefe@abendblatt.de
Hamburger Morgenpost	hamburg@mopo.de
Hanauer Anzeiger	verlag@hanauer.de
Hanau-Post	red.hanau@op-online.de
Handelsblatt	handelsblatt@vhb.de
Hannoversche Allgemeine	haz@madsack.de
Harburger Nachrichten	Redaktion@han-online.de
Heidenheimer Neue Presse	redaktion@hnp-online.de
Heidenheimer Zeitung	redaktion@hz-online.de
Heilbronner Stimme	redaktion@stimme.de
Heinsberger Zeitung	info@aachener-zeitung.de
Hellerthaler Zeitung	webmaster@hellerthaler-zeitung.de
Hellweger Anzeiger	redaktion@hellwegeranzeiger.de
Herborner Tageblatt	red@lahn-dill.de
Hersbrucker Zeitung	verlag@hersbrucker-zeitung.de
Hersfelder Zeitung	lenz@hersfelder-zeitung.de

Existenzgründerkonzept Textil- & Modehandel

Hessisch Niedersächsische Allgemeine	pmz@hna.de
Hildesheimer Allgemeine Zeitung	haz-red@gerstenberg.com
Hinterländer Anzeiger	red@lahn-dill.de
Hofer Anzeiger	info@hofer-anzeiger.de
Hohenloher-Zeitung	redaktion@stimme.de
Holsteinischer Courier	hlo@courier.de
Honnefer Volkszeitung	info@hvz.de
Ibbenbürener Volkszeitung	redaktion@ivz-online.de
Illertisser Zeitung	info@augsburger-allgemeine.de
Illtal Anzeiger	skolling@stadtanzeiger-saar.de
Ipf- und Jagst-Zeitung	information@szo.de
Isar-Loisachbote	il-bote@merkur-online.de
Iserlohner Kreisanzeiger	verlag@ikz-online.de
Jülicher Zeitung	info@aachener-zeitung.de
Junge Welt	redaktion@jungewelt.de
Jungle World Berlin	redaktion@jungle-world.com
Kaufbeurer Tagblatt	redaktion.kaufbeuren@azv.de
Kempter Tagblatt	redaktion.kempten@azv.de
Kevelaerer Blatt	Kevelaer-Blatt@t-online.de
Kieler Nachrichten	service@kn-online.de
Kinzigtal Nachrichten	knsekretariat@fuldaerzeitung.de
Kölner Stadt-Anzeiger	Karl-Heinz.Flesch@mds.de
Kölnische Rundschau	KR.Koeln-Stadt@kr-redaktion.de

Existenzgründerkonzept Textil- & Modehandel

Kornwestheimer Zeitung	moc@kwz.de
Kötztinger Zeitung	redaktion@koetztinger-zeitung.de
Kreiszeitung Syke	ziller@kreiszeitung.de
Kulmbach Aktuell	service@baumann-online.de
Landauer Neue Presse	pnp@vgp.de
Landauer Zeitung	redaktion@landauer-zeitung.de
Landsberger Tagblatt	info@augsburger-allgemeine.de
Landeszeitung Lüneburg	info@landeszeitung.de
Landshuter Zeitung	stadtred@landshuter-zeitung.de
Lausitzer Rundschau	lr@lr-online.de
Leipziger Volkszeitung	holger.herzberg@lvz-online.de
Lippische Landes-Zeitung	LZ@lz-online.de
Lohrer Echo	redaktionssekretariat@main-echo.de
Lokal-Anzeiger Hamburg	HB@lokal-anzeiger-verlag.de
Lübecker Nachrichten	redaktion@ln-luebeck.de
Lüdenscheider Nachrichten	ln@mzv.net
Mangfall-Bote	info@ovb.net
Main-Echo	redaktion@main-echo.de
Main-Post	redaktion@mainpost.de
Mannheimer Morgen	redaktion@mamo.de
Marburger Neue Zeitung	red@lahn-dill.de
Märkische Oder-Zeitung	redaktion@moz.de
Märkischer Zeitungsverlag	info@come-on.de
Marktoberdorfer Landbote	redaktion.marktoberdorf@azv.de
Meinerzhagener Zeitung	mz@mzv.net

Existenzgründerkonzept Textil- & Modehandel

Memminger Zeitung	info@mm-zeitung.de
Mendener Zeitung	mkrigar@westfaelischer-anzeiger.de
Miesbacher Merkur	mb-merkur@merkur-online.de
Mindelheimer Zeitung	info@augsburger-allgemeine.de
Mindener Tageblatt	mt@mt-online.de
Mittelbadische Presse	juergen.rohn@reiff.de
Mittelbayerische Zeitung	mz-redaktion@mz.donau.de
Moosburger Zeitung	redaktion@moosburger-zeitung.de
Mühlacker Tagblatt	mt@s-direktnet.de
Mühldorfer Anzeiger	info@ovb.net
Münchner Abendzeitung	info@az-online.net
Münchner Merkur	lokales@merkur-online.de
Münsterländische Tageszeitung	info@mt-clp.de
Münsterländische Volkszeitung	redaktion@mv-online.de
Münstersche Zeitung	gregor.bothe@medienhaus-lensing.de
Nahe-Zeitung	info@verlag.rhein-zeitung.de
Nassauer Tageblatt	red@lahn-dill.de
Neuburger Rundschau	info@augsburger-allgemeine.de
Neu-Ulmer Zeitung	redaktion@nuz.de
Neue Deister-Zeitung	medien@dewezet.de
Neue Osnabrücker Zeitung	j.lintel@neue-oz.de
Neue Presse Coburg	redaktion@np-coburg.de
Neue Presse Hannover	np@madsack.de

Existenzgründerkonzept Textil- & Modehandel

Neue Ruhr Zeitung	redaktion@nrz.de
Neue Westfälische	redaktion@neue-westfaelische.de
Neues Deutschland	webmaster@neuesdeutschland.de
Neumarkter Anzeiger	info@ovb.net
Neumarkter Nachrichten	nm_foto@smtp.pressenetz.de
Neumarkter Tagblatt	mz-redaktion@mz.donau.de
Neunkircher Stadtanzeiger	breichhart@stadtanzeiger-saar.de
Neuß-Grevenbroicher Zeitung	redaktion@ngz-online.de
Niederelbe-Zeitung	redaktion@nez.de
Niederrhein Zeitung	online-redaktion@wz-newsline.de
Nord-Stuttgarter Rundschau	verlagheinz@t-online.de
Nordbayer. Nachrichten Forchheim	nn-forchheim-redaktion@pressenetz.de
Nordbayer. Nachrichten Herzogenaurach	nn-herzogenaurach-redaktion@pressenetz.de
Nordbayer. Nachrichten Pegnitz	nn-pegnitz-redaktion@pressenetz.de
Nordbayerischer Kurier	gdm@kurier.tmt.de
Norddeutsche Neueste Nachrichten	fischer@hansenet.de
Nordkurier	info@nordkurier.de
Nordseezeitung	Redaktion@Nordsee-zeitung.de
Nordwest-Zeitung	info@nwn.de
Nürnberger Nachrichten	joachim.hauck@pressenetz.de
Nürtinger Zeitung	redaktion@ntz.de
Oberbayerisches Volksblatt	info@ovb.net

Existenzgründerkonzept Textil- & Modehandel

Oberbergische Volks- Zeitung	kontakt@rundschau-online.de
Oberhessische Presse	info@op-marburg.de
Oberhessische Zeitung Alsfeld	oz.ehrenklau@t-online.de
Obermain-Tagblatt	redaktion@obermain.de
Oberpfälzer Nachrichten	mz-redaktion@mz.donau.de
Offenbach-Post	service@op-online.de
Oldenburgische Volkszeitung	info@ov-online.de
Ostfriesen Zeitung	redaktion@ostfriesen-zeitung.de
Ostfriesische Nachrichten	on-info@on-online.de
Ostsee Zeitung	online@ostsee-zeitung.de
Ostthüringer Zeitung	redaktion@otz.de
Passauer Neue Presse	pnp@vgp.de
Pegnitz Zeitung	redaktion@pegnitz-zeitung.de
Peiner Allgemeine Zeitung	paz@madsack.de
Pfaffenhofener Kurier	online-redaktion@donaukurier.de
Pforzheimer Kurier	kurier@netz-der-region.de
Pforzheimer Zeitung	redaktion@pz-news.de
Pirmasenser Zeitung	majer@pz.pirmasens.de
Plattlinger Anzeiger	redaktion@plattlinger-anzeiger.de
Potsdamer Neueste Nachrichten	pnn@potsdam.de
Recklinghäuser Zeitung	redaktion@westline.de
Rehauer Tagblatt	info@hofer-anzeiger.de
Rems-Zeitung	info@rems-zeitung.de

Existenzgründerkonzept Textil- & Modehandel

Remscheider General-Anzeiger	kratz@rga-online.de
Reutlinger General-Anzeiger	gea@gea.de
Rheiderland-Zeitung	redaktion@rheiderland.de
Rhein-Ahr Rundschau	Rhein-Ahr.Rundschau@kr-redaktion.de
Rhein-Hunsrück-Zeitung	info@verlag.rhein-zeitung.de
Rhein-Lahn-Zeitung	info@verlag.rhein-zeitung.de
Rhein-Neckar-Zeitung	rnz-hd@t-online.de
Rhein-Sieg Rundschau	Rhein-Sieg.Rundschau@kr-redaktion.de
Rhein-Zeitung	M.Lohmann@rhein-zeitung.de
Rheiner Volksblatt	redaktion@mv-online.de
Rheinpfalz	info@ron.de
Rheingau-Echo	Redaktion@rheingau-echo.de
Rheinische Post	online@rp-online.de
Rheinischer Merkur	redaktion@merkur.de
Rotenburger Kreiszeitung	kliesch@rotenburger-kreiszeitung.de
Rotenburger Rundschau	Marienhagen@rotenburger-rundschau.de
Roth-Hilpoltsteiner Volkszeitung	roth-hilpoltsteiner-volkszeitung@pressenetz.de
Rottaler Anzeiger	pnp@vgp.de
Ruhr Nachrichten	linnhoff@westline.de
Saale Zeitung	info@saale-zeitung.de
Saarbrücker Zeitung	redaktion@sz-newsline.de
Sächsische Zeitung	herrmann@sz-online.de

Existenzgründerkonzept Textil- & Modehandel

Salzgitter Zeitung	redaktion@newsclick.de
Schaumburger Nachrichten	sn@madsack.de
Schleswig-Holsteinischer Zeitungsverlag	redaktion@shz.de
Schongauer Nachrichten	redaktion@merkur-online.de
Schwabacher Tagblatt	redaktion@schwabacher-tagblatt.de
Schwäbische Post	sp-redaktion@schwaepo.de
Schwäbische Zeitung	s.koerting@szo.de
Schwäbische Zeitung Sigmaringen	info@sz-sigmaringen.de
Schwäbisches Tagblatt	redaktion@tagblatt.de
Schwabmünchner Allgemeine	info@augsburger-allgemeine.de
Schwarzwälder Bote	redaktion@swol.de
Schweinfurter Tagblatt	redaktion@mainpost.de
Schweriner Volkszeitung	chefredaktion@svz.de
Seesener Beobachter	info@seesener-beobachter.de
Segeberger Zeitung	info@segeberger-zeitung.de
Siegener Zeitung	redaktion@siegener-zeitung.de
Sindelfinger Zeitung / Böblinger Zeitung	redaktion@szbz.de
Soester Anzeiger	hstrumann@soester-anzeiger.de
Solinger Tageblatt	reiffert@solingen-online.de
Solms-Braunfelser	red@lahn-dill.de
Spiegel	mathias_mueller_von_blumencron@spiegel.de
Spandauer Journal	spandau@spandauer-journal.de

Existenzgründerkonzept Textil- & Modehandel

Speyerer Tagespost	juergengruler@tagespost-speyer.de
St. Wendeler Stadtanzeiger	hrennen@stadtanzeiger-saar.de
Stader Tageblatt	journal@tageblatt.de
Stadtanzeiger Saarland	stwendel@stadtanzeiger-saar.de
Steinfurter Kreisblatt	redaktion@westfaelische-nachrichten.de
Stern	kramper.gernot@stern.de
Stolberger Zeitung	lokales@mail.stolberger-zeitung.de
Straubinger Tagblatt	redaktion@straubinger-tagblatt.de
Stuttgarter Nachrichten	redaktion@stz.zgs.de
Süddeutsche Zeitung	redaktion@sueddeutsche.de
Süderländer Volksfreund	sv@mzv.net
Südhessen Morgen	redaktion@mamo.de
Südkurier	redaktion@suedkurier.de
Südthüringer Zeitung	redaktion@stz-online.de
Südwest Presse	redaktion@swp.de
Südwest Presse	redaktion@swp.de
Tagesspiegel	redaktion@tagesspiegel.de
taz ruhr	Franz@taz-ruhr.de
The Munich Times	Mail@mTimes.com
Thüringische Landeszeitung	redaktion@tlz.de
Trierischer Volksfreund	redaktion@intrinet.de
Torgauer Zeitung	webmaster@haus-der-presse.de
Treuchtlinger Kurier	Verlag@treuchtlinger-kurier.de
Trossinger Zeitung	information@szo.de

Existenzgründerkonzept Textil- & Modehandel

Trostberger Tagblatt — info@chiemgau-online.de
tz München — redaktion@tz-online.de
Uckermark Kurier — info@nordkurier.de
Uetersener Nachrichten — info@uena.de
Usedom Kurier — info@nordkurier.de
Usinger Anzeiger — redaktion@giessener-anzeiger.de
Vaihinger Kreiszeitung — info@vkz.de
VDI-Nachrichten — redaktion@vdi-nachrichten.com
Vereinigte Wirtschaftsdienste — sfix@vwd.de
Viechtacher Bayerwald- Bote — pnp@vgp.de
Vilsbiburger Zeitung — redaktion@vilsbiburger-zeitung.de
Vilshofener Anzeiger — pnp@vgp.de
Visselhöveder Nachrichten — kliesch@rotenburger-kreiszeitung.de
Vlothoer Anzeiger — mkrigar@westfaelischer-anzeiger.de
Vogtland-Anzeiger — fp-verlag@frankenpost.de
Volksblatt Würzburg — newsline@mainpost.de
Volkszeitung Schweinfurt — redaktion@mainpost.de
Waiblinger Kreiszeitung — info@zvw.de
Walsroder Zeitung — WalsroderZeitung@wz-net.de
Weilburger Tageblatt — red@lahn-dill.de
Weilheimer Tagblatt — redaktion@merkur-online.de
Weißenburger Tagblatt — verlag@weissenburger-tagblatt.com
Wendlinger Zeitung — forum@ntz.de
Werdener Nachrichten — gereon.buchholz@cww.de
Werra-Rundschau — eschwege.de@eschwege.de

Existenzgründerkonzept Textil- & Modehandel

Wertinger Zeitung	inf@augsburger-allgemeine.de
Weser-Kurier	redaktion@tachauch.de
Westdeutsche Zeitung	redaktion@wz-newsline.de
Westerwälder Zeitung	info@verlag.rhein-zeitung.de
Westfalen-Blatt	r_dressler@westfalen-blatt.de
Westfalenpost	westfalenpost@cityweb.de
Westfälische Nachrichten	redaktion@wnonline.de
Westfälische Rundschau	zentralredaktion@westfaelische-rundschau.de
Westfälischer Anzeiger	webmaster@mzv.net
Wetzlaer Neue Zeitung	red@lahn-dill.de
Wiesbadener Kurier	Michael.Emmerich@vrm.de
Wiesbadener Tagblatt	info@main-rheiner.de
Wilhelmshavener Zeitung	WHV@wzonline.de
Winsener Anzeiger	info@winsener-anzeiger.de
Wolfburger Allgemeine	waz@madsack.de
Wolfburger Nachrichten	info@newsclick.de
Wormser Zeitung	info@main-rheiner.de
Wuppertaler Lokalseiten	wuppertal@lokalseiten.de
Zeit, Die	redaktion@zeit.de
Zeitungsgruppe Lahn-Dill	red@lahn-dill.de
Zeitungsverlag Waiblingen	wmueller@redaktion.zvw.de
Zollern-Alb-Kurier	redaktion@zollernalbkurier.de

6.3 Direktmarketing – kostengünstig und effektiv

Als Direktmarketing bezeichnet man Werbung, die den Kunden direkt erreicht, ohne große Medien wie Fernsehen und Zeitungen zu benutzen. Üblicherweise wird Direktmarketing hauptsächlich per Empfehlung, Brief oder Telefon durchgeführt. Der Vorteil daran ist, dass Sie relativ kostengünstig viele potentielle Kunden erreichen.

Zum Thema Direktmarketing gibt es unzählige Informationen im Internet. Die besten Seiten dazu erhalten Sie, indem Sie einfach den Begriff „Direktmarketinganbieter" in eine große Internet-Suchmaschine eingeben.

6.4 Eine kostenlose Homepage erstellen – so gehts!

Kaum ein Unternehmen kommt heute noch ohne einen ansprechenden Internetauftritt aus. Dabei wird die Erstellung einer guten Website immer einfacher und preiswerter. Mit der richtigen Information geht das sogar ganz kostenlos. Diese Möglichkeit sollten Sie unbedingt nutzen. Auf einer eigenen Internetseite können Sie Hintergrundinformationen über Ihre Ware oder Dienstleistung, zu Ihrer Firma und deren Geschäftspolitik geben. Außerdem haben Sie die Möglichkeit, spezielle Sonderangebote oder Mengenrabatte anzubieten, mit denen der Kunde Geld spart.

Schreiten wir also zur Tat. Eine Homepage einzurichten und zu gestalten ist heute kinderleicht. Sie müssen weder Kenntnisse im Programmieren mit HTML haben, noch müssen Sie etwas von Grafikdesign o.ä. verstehen. Auf der folgenden Internetseite können Sie eine Homepage in wenigen Minuten erstellen. Dank des integrierten Baukastensystems ist das ganz einfach.

www.2page.de

Die Erstellung der Homepage ist bei 2page.de völlig kostenlos. Dank eines ausgeklügelten Punktesystems können Sie sich nach und nach immer mehr Speicherplatz für die Homepage „dazuverdienen". Doch auch schon am Anfang steht genügend Platz für bis zu 20 Unterseiten zur Verfügung.

Die Homepage muss aber gar nicht besonders umfangreich werden. Sie können sich und Ihr Geschäft etwas näher vorstellen und die Tätigkeitsbereiche beschreiben. Auch die Produktbeschreibungen lassen sich auf der Homepage noch ausführlicher darstellen als in Prospekten oder Werbesendungen.

Ein weiteres Plus ist der Webspace für das Ablegen von Artikelfotos. Von hier aus können die Fotos direkt mit Ihren Angeboten im eigenen Webshop verlinkt werden.

6.5 Einen kostenlosen Webshop erstellen – schnell und einfach!

Webshops sind virtuelle Warenhäuser im Internet und haben den unschätzbaren Vorteil, dass sie – einmal eingerichtet – kaum noch Arbeit machen und rund um die Uhr für Millionen von Menschen auf der ganzen Welt geöffnet sind.

So ein Webshop lässt sich ebenso leicht und kostenfrei erstellen wie Ihre Homepage. Leider bietet 2page.de keinen solchen Shop direkt zur Homepage mit an. Das ist aber kein Problem. Sie können von Ihrer Homepage aus auf den Shop eines anderen Anbieters verlinken.

Existenzgründerkonzept Textil- & Modehandel

Ein toller und sehr einfach zu erstellender Shop ist auf der folgenden Website zu erhalten. Und das Beste: Sie brauchen keinen Cent dafür zu bezahlen!

www.kostenloser-shop.com

In der kostenlosen Version dieses Shops können Sie bis zu 200 Artikel anbieten. Das sollte für den Anfang reichen. Sobald Sie Ihre Waren in den Shop eingepflegt haben, können Sie ihn zusammen mit der Homepage in diverse Suchmaschinen eintragen lassen. Mehr dazu gleich.

6.6 Einträge in Suchmaschinen – sehr wichtig!

Ohne Suchmaschinen wie Google & Co. Wäre das Erstellen einer Homepage, evtl. mit Webshop, ziemlich überflüssig. Fast keiner würde Ihre Angebote finden. Der Suchmaschineneintrag ist also absolute Pflicht.

Es gibt spezielle Dienstleister, die diese Einträge gegen eine angemessene Bezahlung übernehmen. Sie werben meistens damit, dass die Homepage in tausende verschiedener Suchmaschinen eingetragen wird. Doch ist das wirklich nötig? Ich meine: Nein. Denn die überwiegende Mehrheit der deutschen und europäischen Bevölkerung nutzt nur wenige große Suchmaschinen. Was haben Sie davon, wenn Ihre Homepage in Suchmaschinen eingetragen wird, die fast keiner kennt? Warum also Geld ausgeben, wenn man das Wichtigste auch kostenlos bekommen kann?

2page.de hat einen Link zu einem kostenlosen Eintragdienst bereitgestellt. Loggen Sie sich dazu in Ihren Admin-Bereich ein und klicken Sie links in der Menuleiste auf „Einstellungen". Es öffnet sich ein weiteres Untermenu. Dort klicken Sie auf „Metatags". Ganz unten auf der Metatags-Seite finden Sie den Link zum Suchmaschinen-Eintragdienst „onlyfree". Er meldet Sie bei allen großen und wichtigen Suchmaschinen kostenlos an. Folgen Sie einfach den Anweisungen.

6.7 Einträge in Linklisten

Wenn alles gut geklappt hat, dürften bald die ersten Besucher auf Ihrer Homepage und im Shop auftauchen. Doch man kann noch mehr tun. Viele Internetnutzer surfen regelmäßig auf Linklisten und gelangen von dort aus zu den Homepages. Da darf Ihre Seite doch nicht fehlen!

Der folgende Anbieter hält ein echtes Knaller-Angebot bereit und trägt Ihre Seite kostenlos in rund 10.000 Linklisten ein. Sie müssen sich dazu noch nicht einmal registrieren. Also los!

www.netDesign24.de

Tipp: Für den Eintrag müssen Sie eine E-Mail-Adresse angeben. Benutzen Sie hierfür unbedingt eine separate Adresse, z.B. von Web.de oder GMX.de.

Der Grund: Manche Unternehmen nutzen spezielle Software, die das Internet nach E-Mail-Adressen durchforstet, um dann massenhaft Spam-Mails an diese Adressen zu verschicken. Es ist sehr nervend, täglich solche Mails an seine Haupt-E-Mail-Adressen zu bekommen. Zur Not können Sie die neue E-Mail-Adresse auch nach dem Linklisteneintrag wieder löschen, denn es geht ja nur um den Eintrag der Homepage in die Listen.

6.8 So kommen Sie an Kundenadressen

Wer seine Kunden durch Direktwerbung (per Versandprospekt) gewinnen will, benötigt gutes Adressenmaterial. Je nach Art der anzuschreibenden Personen oder Firmen kosten bei einem Adressenverlag gut sortierte Anschriften zwischen 35 und 50 Euro (und mehr) je tausend.

Dabei werden dann diese Adressen nicht für immer gekauft, sondern in der Regel nur für eine Werbeaktion gemietet. Lediglich Käufer, die mit dieser Werbeaktion gewonnen werden, dürfen in den eigenen Kundenadressenbestand übernommen werden.

Zu den Kosten für die Adressen kommt dann noch das Briefporto. Wer also Adressen kauft, sollte sicher sein, dass er eine Zielgruppe anspricht, die sich für seine Angebote auch wirklich interessiert. Rechnen Sie nämlich die Prospektherstellung, Versandhüllen, Bearbeitung und das Frankieren hinzu, müssen Sie für 1000 Aussendungen Kosten von 300 bis 400 Euro veranschlagen.

Bei Erstwerbung und Werbung mit Fremdadressen wäre eine Bestellquote von 3% = 30 Bestellungen bei 1.000 Aussendungen eine durchschnittliche bis gute Reaktion, 5 - 10% wären gut bis sehr gut. Resultate von unter 3% Rückläufen kann man als kaum ausreichend und etwa 1% als mies ansehen.

Die Werbekosten sollten bei einem guten Produkt beim ersten Anlauf in etwa gedeckt werden. Zusammen mit einer Nachfasswerbung wären Gewinne von 30 bis 50 % als ganz akzeptabel zu betrachten.

Die meisten angeschriebenen Personen werden zunächst kleinere Testbestellungen aufgeben. Darum ist es ratsam, die nunmehrigen Kunden karteimäßig zu erfassen und auch weiterhin mit Angeboten zu bedenken.

War der Käufer beim ersten Auftrag zufrieden, wird er weitere, größere Bestellungen tätigen. Mit anderen Worten: Die besten Adressen sind immer die eigenen Kundenadressen. Halten Sie deshalb jede Anschrift so fest, dass Sie jederzeit ersehen kön-

Existenzgründerkonzept Textil- & Modehandel

nen, wofür sich der Kunde interessiert und was er bereits bezogen hat.

6.9 Alles über Co-Mailing

Da die Beförderungsgebühren der Post ständig steigen, schließen sich immer mehr Unternehmen zusammen und verschicken ihre Prospekte gemeinsam. Sofern die Angebote nicht miteinander konkurrieren, hat das den Vorteil, dass man a) Porto spart und b) neue Käuferkreise erschließt, deren Adressen man sonst erst kaufen oder durch Anzeigen erwerben müsste.

In der Regel funktioniert dieses Co-Mailing oder die "Huckepack-Werbung" folgendermaßen:

Eine Firma, die sich zum Mitversand Ihrer Prospekte bereiterklärt, versendet beispielsweise 1.000 Ihrer Angebote für EUR 50,-. Sie fügt sie ihrem eigenen Werbematerial bei und schickt alles zusammen an ihre Kunden.

Das würde bedeuten, dass Sie für 1.000 Prospekte statt des normalen Portos für 20 g nur 5 Cent je Prospekt bezahlen. Ersparnis bei 1.000 Prospekten: einige hundert Euro! Hinzu kommt, dass Sie keine Adressen zu kaufen, keine Umschläge herzustellen und keine Versandarbeiten durchzuführen haben. Voraussetzung ist natürlich, dass die Firma seriös ist und die Sammelwerbung auch wirklich korrekt durchgeführt wird.

Andererseits können Sie natürlich auch selbst einen solchen Co-Versand anbieten. Wenn Sie für vier oder fünf Beilagen je 50 Euro kassieren, verschicken Sie Ihre eigenen Prospekte kostenlos.

Der Erfolg einer solchen Gemeinschaftsaktion hängt in erster Linie von einer ehrlichen und sauberen Zusammenarbeit ab. Tests mit kleineren Mengen sind unbedingt zu empfehlen.

Existenzgründerkonzept Textil- & Modehandel

6.9.1 So sollten Angebotsprospekte aussehen

Sobald Sie einige gute Waren oder Dienstleistungen anzubieten haben, müssen Sie sich wohl oder übel Gedanken über die Art und Weise machen, wie Sie diese den interessierten Personen vorstellen wollen.

Wer die heute groß im Geschäft befindlichen Konzerne unseres Landes in ihrer Entwicklung verfolgt hat, wird wissen, dass auch sie - ohne Ausnahme - klein angefangen haben. Bevor Sie also daran gehen, unerschwinglich teure Kataloge drucken zu lassen, verfassen Sie zunächst erst einmal einen guten Werbeprospekt, der den Leuten zeigt, was Sie zu bieten haben.

Manche Firmen beschriften nun ein Blatt Papier eng an eng und wundern sich, dass kaum Bestellungen darauf eingehen. Wieder andere benutzen für ihre Werbebriefe schlechtes Material oder reden bei jedem zweiten Satz vom Preis - also vom eigenen Nutzen.

Ein guter Werbebrief sollte jedoch so gestaltet sein, dass man ihn wie ein gesprochenes Angebot liest: unkompliziert, klar und einfach. Geschraubte, gekünstelt wirkende Lindwurmsätze sollten vermieden werden.

Nach einer zündenden Überschrift folgen möglichst in stetem Wechsel Worte in Großschreibung, mit Unterstreichungen oder gesperrt geschrieben. Das lockert das Schriftbild etwas auf, und das Auge ermüdet nicht so schnell beim Lesen.

Geht der Text über zwei Seiten, lässt man ihn am besten an einer interessanten Stelle enden, damit der Leser neugierig auf die Fortsetzung wird. Links und rechts sowie oben und unten muss ein ausreichend breiter Rand bleiben. Das gibt dem ganzen Schreiben ein freundlicheres Bild und wird auch vom Drucker begrüßt.

Existenzgründerkonzept Textil- & Modehandel

Wie bei Anzeigen sollte stets der Nutzen des Käufers an erster Stelle stehen. Dabei kann es zweckmäßig sein, die einzelnen Punkte in getrennten Absätzen aufzuzählen. Soll ein Werbeprospekt Beachtung finden, muss darin hauptsächlich das zu lesen sein, was den Kunden interessiert.

Die Herstellung des Werbeprospekts lässt man am besten durch einen guten, preiswerten Druckhersteller vornehmen. Es gibt heute bereits Firmen, die Fotosatz zu günstigen Preisen anbieten. Computer-geschriebene Vorlagen, die mit einem guten PC-Drucker hergestellt wurden, tun es jedoch für den Anfang auch.

Eine kleine Zeichnung, eine Vignette oder eine humoristische Karikatur erhöhen die Aufmerksamkeit des Empfängers Ihrer Angebote. Sie können diese Schwarz-Weiss-Illustrationen zur Unterstreichung des Leitsatzes verwenden oder aber auf ein günstiges Angebot hinweisen lassen.

Nach dem Motto: "Ein Bild sagt mehr als tausend Worte" können natürlich auch Abbildungen der angebotenen Produkte aufgenommen werden.

In Bürofachgeschäften gibt es übrigens unter der Bezeichnung "Abreibebuchstaben" eine größere Angebotspalette, die auch Vignetten aller Art enthält. Aufgeklebt kommen diese Buchstaben und Illustrationen im Offset-Druck recht gut heraus.

Dort, wo es sich um Artikel handelt, die voraussichtlich längere Zeit im Angebot bleiben werden, ist zu überlegen, ob eventuell Prospekte im Vierfarbendruck hergestellt werden können. Natürlich sind die Kosten erheblich höher als bei ein- oder zweifarbigem Offsetdruck.

Manche Firmen bieten auch eigene Angebotsprospekte entweder zum Selbstkostenpreis oder gar völlig kostenlos an. Diese Prospekte sollten neutral gehalten sein, so dass Sie lediglich Ihren

Existenzgründerkonzept Textil- & Modehandel

Stempel mit der Bestelladresse einfügen und die Kunden ihre Aufträge an Sie richten.

Ein sehr wichtiger Faktor beim Postversand ist das Gewicht. Die schönsten Prospekte, selbst wenn sie kostenlos zu haben wären, verursachen vermeidbar hohe Kosten, wenn sie zu schwer sind.

Wollen Sie nur einen einzelnen Artikel vorstellen, genügt in den meisten Fällen ein einfaches DIN A 4-Blatt. Drei davon erreichen in der Regel gerade erst ein Gewicht von etwa 20 g. Wird teures Kunstdruckpapier verwendet, geht es meistens über 20 g und erhöht somit die Portokosten erheblich.

Besonders zu Anfang werden solche scheinbaren Kleinigkeiten oftmals unterschätzt. Nicht der Drucker oder die Post soll in erster Linie an Ihren Prospekten verdienen, sondern Sie. Wählen Sie daher am besten ein nicht zu schweres Papier für Ihre Prospekte, das aber gegebenenfalls auch zweiseitig bedruckt werden kann. Hier erweist sich 80 g-Schreibmaschinenpapier als am geeignetsten.

Haben Sie die Texte sauber mit dem Computer geschrieben, prüfen Sie, ob der Text auch auf die Hälfte verkleinert noch wirkt und gut lesbar ist. Mit einem gängigen Textverarbeitungsprogramm dürfte das kein Problem sein.

Hüten Sie sich davor, sogenannte "Augenschindertexte" herzustellen, bei denen durch nochmalige Verkleinerung der Empfänger Ihrer Zeilen nichts mehr lesen kann oder eben nur mit großer Mühe.

Umstritten ist die Frage, ob man seinen Werbesendungen Rückumschläge beifügen soll. Zweifellos ist es von Vorteil, wenn der Kunde seine Bestellung nur in einen vorgefertigten Umschlag zu stecken und in den Briefkasten zu werfen braucht.

Existenzgründerkonzept Textil- & Modehandel

Wie bei der Wahl der Prospekte ist aber darauf zu achten, dass durch einen bedruckten Rückumschlag die Gewichtsklasse nicht überschritten wird und Sie beispielsweise für einen beigefügten Umschlag noch einmal 30 Cent Porto je Brief extra bezahlen. Verschicken Sie nur einen oder höchstens zwei Prospekte, ist noch Luft für einen Rückumschlag. Wollen Sie aber drei Prospekte an den Mann bringen, genügen meistens vorgedruckte Bestellscheine, die vom Prospekt abgetrennt werden können.

Solche Bestellscheine sollte jeder Prospekt enthalten. Darauf wird dann nur angekreuzt, welche Artikel der Kunde wünscht, wie er bezahlen möchte, wie er heißt und wo er wohnt. Je einfacher Sie es den Leuten machen, um so mehr Bestellungen werden bei Ihnen eingehen. Muss ein Interessent erst lange Texte schreiben oder von sich aus die gewünschten Artikel in einem Brief bezeichnen, neigt er dazu, die Sache auf die lange Bank zu schieben, bis er sie schließlich ganz vergisst.

Rückumschläge können besonders dann sinnvoll sein, wenn der Kunde bei Ihnen eine Bestellung aufgibt. Bei der Ausführung dieser Bestellung fügen Sie dann einen mit Ihrer Anschrift versehenen Umschlag bei, so dass er Sie möglichst bald wieder mit seinen Aufträgen beehrt.

Nachdem Sie in Ihrer Angebotspalette einige gute Produkte getestet haben, erhebt sich vielleicht die Frage, ob Sie sich nicht doch einen richtigen Katalog Ihrer Waren zusammenstellen sollten. Wie bereits erwähnt, ist das eine kostspielige Angelegenheit. Selbstverständlich kann man all seine Angebote zunächst als eine nach und nach umfangreicher werdende Broschüre vorstellen, die noch immer in Offset gedruckt wird.

Wer etwas Ähnliches wie die Versandhauskataloge herstellen will, kann sich am Anfang vielleicht damit behelfen, dass er einen "Karten-Katalog" erstellen lässt. Hierzu werden von den interessanten Produkten Fotos hergestellt, mit entsprechendem Preis und einer Bestellnummer versehen und in Postkartengröße gedruckt. Die Rückseite des Angebots ist gleichzeitig Bestellkarte mit Ihrer aufgedruckten Anschrift und ausreichendem Raum für die Absenderangabe.

Haben Sie beispielsweise 10 Produkte in Ihrem Angebot, lassen Sie 10 solcher einzelner Postkarten anfertigen, zusammenleimen und mit Perforation versehen. Interessiert sich nun der Kunde für eines Ihrer Produkte, trennt er die betreffende Karte ab, schreibt seinen Absender darauf und schickt sie ein.

Für mehrere Artikel wird entweder ein zusätzlicher Bestellschein oder eine weitere Karte beigefügt. Ein solcher Kartenkatalog, wie er bereits von mehreren Versandhäusern verwendet wird, hat den Vorteil, dass er zum einen nicht so teuer ist wie ein mehrseitiger Foto-Katalog, und zum anderen lassen sich die Angebote auch leicht auswechseln, ohne dass gleich mehrseitige Druckarbeit (mit den entsprechenden Druckkosten) anfallen müsste.

Hat sich die Erstinvestition für Werbung und Angebot erst einmal amortisiert, wird sich später auch die Herstellung eines richtigen Versandhauskataloges verkraften lassen.

6.10 Kostenlos und effektiv werben!

Da staunen Sie! Selbst heute noch – wo man normalerweise für alles bezahlen muss – kann man Werbung für sich und sein Unternehmen machen, die keinen Cent kostet und trotzdem tausende Menschen erreicht. Man muss nur wissen, wie es gemacht wird.

Manche behaupten sogar, kostenlose Werbung sei die beste Werbung – weil sie eben nicht sofort als herkömmliche Werbung zu erkennen ist. Auf jeden Fall sollten Sie diese Werbeformen für Ihre Produkte in Anspruch nehmen, denn je mehr Menschen Ihre Ware kennen, desto mehr werden Sie verkaufen.

Hier also unser ausführlicher Exkurs zum Thema „kostenlose Werbung":

Werbung kann sehr kostspielig sein. Doch ohne Werbung kann in der freien Wirtschaft kein Geschäftsmann auf einen grünen Zweig kommen. Also beisst er in den sauren Apfel und investiert einen Teil des Verdienstes in Werbemassnahmen.

Was jedoch nur wenige wissen: Es gibt viele Wege und Möglichkeiten, auch ohne zu bezahlen - natürlich ganz legal - sich dem kaufinteressierten Publikum zu präsentieren. Man muss nur erst dahinterkommen, wie das funktioniert.

Viele Hersteller und Versandunternehmen machen bereits seit Jahren regen Gebrauch von verschiedenen Möglichkeiten, gratis oder fast kostenlos zu werben und sparen dadurch manchen Tausender am Werbe-Budget ein. Das können auch Sie. Was Sie hierzu tun müssen, wollen Ihnen die kommenden Seiten verraten.

6.10.1 Kostenlose Zeitungswerbung

Haben Sie ein nützliches Produkt oder eine Dienstleistung anzubieten, für die Sie sich ein grosses Kundeninteresse ausrechnen? Dann können Sie in vielen landesweit verbreiteten Zeitungen und Zeitschriften kostenlose Redaktionsvorstellungen erhalten.

Diese Besprechungen oder Präsentationen haben dazu noch den Vorteil, dass sie oft viel wirkungsvoller und erfolgreicher sind als bezahlte Inserate in der gleichen Publikation, für die Sie pro Spalte einige hundert Euro hinblättern müssten. Diesen freien Werberaum erhalten Sie durch die einfache Zusendung einer Produktbeschreibung (mit Foto) und möglichst eines Musters an den zuständigen Redakteur der betreffenden Zeitung oder Zeitschrift.

Existenzgründerkonzept Textil- & Modehandel

Die Vorstellung sollte also in Form eines Briefes erfolgen, mit dem Sie dem Verleger oder Redakteur etwas über Ihr Produkt erzählen und um redaktionelle Vorstellung und Besprechung in seiner Publikation bitten.

Studieren Sie hierzu die Rubriken und Neuheiten-Sparten der ausgewählten Blätter und stimmen Sie Ihre Selbstdarstellung darauf ab. Lassen Sie sich erst ein Exemplar der betreffenden Zeitungen oder Zeitschriften zuschicken oder erwerben Sie eines am Kiosk. Dadurch erfahren Sie (im Impressum) gleich den Namen des zuständigen Redakteurs bzw. der Redakteurin und können Ihr Anschreiben gleich zu deren Händen senden.

Dabei ist darauf zu achten, dass Sie Ihr Schreiben auf gedrucktem Briefkopf (auf einem Geschäftsbriefbogen) verfassen, der auch die volle Anschrift und Ihre Telefonnummer enthält. Letzteres ist deshalb so wichtig, weil die Bezugspersonen der Verlage lieber schnell mal zum Telefon greifen als lange Briefe diktieren.

Versuchen Sie, alle wichtigen Details zu Ihrem Produkt oder der angebotenen Dienstleistung in den ersten 3 bis 5 Zeilen unterzubringen. Redakteure haben selten Zeit und lesen nicht gerne lange Briefe. Vermeiden Sie umständliche, geschraubte Sätze und beschränken Sie den Text nach Möglichkeit auf eine beschriebene DIN A4-Seite.

Verwenden Sie bei der Beschreibung keine Superlative und heben Sie Ihr Produkt nicht in den Himmel. Wenn es wirklich so toll ist wie Sie glauben, sollten Sie das den Redakteur anhand der sachlichen Darstellungen in den Unterlagen selbst herausfinden lassen.

Er wird seinen Lesern ohnehin nur das präsentieren, was von ihm für gut befunden wird. Recht nützlich kann Ihre Bitte sein, das Produkt bzw. die Dienstleistung zunächst einmal unverbind-

Existenzgründerkonzept Textil- & Modehandel

lich zu testen, um sich von der Richtigkeit Ihrer Beschreibung zu überzeugen.

Lassen Sie durchblicken, dass Sie für Präsentations- oder Verbesserungsvorschläge zugänglich sind. Ebenso wird der Hinweis positiv empfunden, dass Sie den Käufern ein Rückgaberecht einräumen, sofern diese nicht völlig zufrieden sind. Die Zeitungsleute möchten ihre Leser weitgehend abgesichert wissen und wollen natürlich nichts vorstellen, was auch nur den Anschein haben könnte, nicht seriös oder empfehlenswert zu sein.
Folgender Mustertext ist - in jeweils etwas abgewandelter Form - als erste Anregung für ein solches Anschreiben gedacht:

Ihr gedruckter Firmen-Briefkopf mit Name, Anschrift und Telefon-Nummer

Redaktion

Haushalt und Wirtschaft

Abt. Neuheiten

Im Wiesengrund 111

22222 Klein-Hamburg   Datum

PRESSEMITTEILUNG

Betrifft: Küchenwunder

Existenzgründerkonzept Textil- & Modehandel

Sehr geehrte Damen und Herren,

"Küchenwunder" ist ein neues Haushaltsgerät, das - obwohl klein und handlich - der Hausfrau viel Arbeit abnimmt. Durch seine sicher unter schlagfestem Kunststoffgriff gelagerten Rotormesser kann es Kartoffeln, Karotten und Äpfel schälen. Dreht man das Gerät um, findet sich auf der Rückseite eine Vorrichtung, mit der sich mühelos Flaschen, Dosen und Gläser öffnen lassen.

"Küchenwunder" ist dank seiner patentierten Magnethalterung überall an der Wand zu befestigen und somit jederzeit griffbereit. Das Gerät wird in einem eleganten Klarsichtetui geliefert. Der günstige Preis: EUR 19,90 + Versandkosten. Rücknahme bei Nichtgefallen. Zu beziehen bei Krämer GmbH, Postfach 3333, 12345 Markthausen.

Für eine redaktionelle Vorstellung in der nächstmöglichen Ausgabe Ihrer Publikation bedanken wir uns im voraus.

Mit freundlichen Grüssen

Krämer GmbH

Abt. Mail Order

H. Wartmann

Anlagen:

Prospektmaterial mit Foto + 1 Musterexemplar "Küchenwunder"

.

Manche Verlage begrüssen vorgefertigte Texte, um dadurch eigene Satzarbeit zu sparen. Auch überregionale Anzeigenblät-

Existenzgründerkonzept Textil- & Modehandel

ter veröffentlichen manchmal Neuheiten und Produktbeschreibungen. Das geschieht besonders dann, wenn gleichzeitig ein ordentliches Inserat in dem Blatt aufgegeben wird.

Sobald eine Zeitschrift Ihren Beitrag gebracht hat, können Sie die gedruckte Veröffentlichung Ihren Verkaufsunterlagen gewissermassen als Werbemittel beifügen.

Hier einige Beispiele von Zeitschriften, die ständig oder von Zeit zu Zeit Informationen über neue Produkte, Bücher, Dienstleistungen usw veröffentlichen. Einige davon akzeptieren nur solche Angebote, die zum inhaltlichen Stil der Zeitschrift passen (z.B. Heimwerkerblätter: neue Werkzeuge, Hilfsartikel für Selbermacher usw).

In Deutschland verbreitete Zeitschriften:

Auf einen Blick

Bauer-Verlag, Burchardstr. 11, 20095 Hamburg (Allgemein)

Bella

Bauer-Verlag, Burchardstr. 11, 20095 Hamburg (Frauen)

BILD am Sonntag

Kaiser-Wilhelm-Str. 6, 20355 Hamburg

(Allgemein/Unterhaltung)

BILD der Frau

Kaiser-Wilhelm-Str. 6, 20355 Hamburg (Frauen)

Bild + Funk

Burda-Verlag, Arabellastrasse 23, 81925 München

(Rundfunk/Fernsehen)

Existenzgründerkonzept Textil- & Modehandel

Bildwoche

Springer-Verlag, Kaiser-Wilhelm-Str. 6, 20355 Hamburg

(Allgemein)

Brigitte

Verlag Gruner + Jahr, Warburgstr. 50, 20354 Hamburg

(Frauen)

Bunte

Burda-Verlag, Arabellastrasse 23, 81925 München

(Allgemein /Unterhaltung)

Echo der Frau

Adlerstrasse 22, 40211 Düsseldorf (Frauen)

Fernsehwoche

Bauer-Verlag, Burchardstr. 11, 20095 Hamburg

(Rundfunk/Fernsehen)

Freundin

Burda-Verlag, Arabellastr. 23, 81925 München (Frauen)

Funk Uhr

Kaiser-Wilhelm-Str. 6, 20355 Hamburg

(Rundfunk/Fernsehen)

Das goldene Blatt

Scheidtbachstr. 23, 51469 Bergisch-Gladbach (Frauen)

Existenzgründerkonzept Textil- & Modehandel

Heim und Welt

Am Jungfernplan 3, 30171 Hannover

(Allgemein/Unterhaltung)

Hörzu!

Springer-Verlag, Kaiser-Wilhelm-Str.6, 20355 Hamburg

(Rundfunk/Fernsehen)

Journal für die Frau

Kaiser-Wilhelm-Str. 6, 20355 Hamburg (Frauen)

Das Neue Blatt

Bauer-Verlag, Burchardstr. 11, 20095 Hamburg

(Frauen/Unterhaltung)

Neue Post

Bauer-Verlag, Burchardstr. 11, 20095 Hamburg

(Frauen/Allgemein)

Neue Revue

Bauer-Verlag, Burchardstr. 11, 20095 Hamburg

(Unterhaltung)

rtv - radio + television

Breslauer Str. 300, 90471 Nürnberg (Rundfunk/Fernsehen)

Selbermachen

Jahreszeiten-Verlag, Possmoorweg 5, 22301 Hamburg

Existenzgründerkonzept Textil- & Modehandel

(Heimwerker)

Stern

Verlag Gruner + Jahr, Warburgstr. 50, 20354 Hamburg

(Allgemein/Unterhaltung)

Tina

Bauer-Verlag, Burchardstr. 11, 20095 Hamburg

(Frauen/Mode)

TV-Hören und Sehen

Burchardstr. 11, 20095 Hamburg (Rundfunk/Fernsehen)

Welt am Sonntag

Kaiser-Wilhelm-Str. 6, 20355 Hamburg

(Allgemein/Unterhaltung)

Suchen Sie sich weitere geeignete Zeitschriften, insbesondere Branchenzeitschriften, für Ihre Publikationen aus. Stöbern Sie durch das grosse Angebot an Kiosken. In diesen Zeitschriften finden Sie nicht nur die komplette Adresse der Redaktion, sondern auch gleich die Namen der Redakteure.

6.10.2 Werden Sie selbst Verleger!

Als Herausgeber einer eigenen kleinen Zeitschrift (Werbe- oder Anzeigenblatt) haben Sie die Möglichkeit einer Gratisvorstellung durch einen kostenlosen Eintrag im STAMM-Leitfaden für die Pressewerbung (STAMM-Verlag, Goldammerweg 16, 45134 Essen) und im Pressetaschenbuch (Kroll-Verlag, Postfach 1153, 82229 Seefeld). Fordern Sie von den o.a. Anschriften Ein-

Existenzgründerkonzept Textil- & Modehandel

tragungsformulare an und senden Sie diese mit Ihren Daten versehen und einem Muster Ihrer Publikation zurück.

Sobald Sie einmal in den Adresswerken aufgeführt werden, erhalten Sie jährlich neue Vordrucke zugesandt. Beide Bücher haben ein ganzes Jahr lang Werbewirksamkeit und werden von einigen tausend Personen gelesen. Weitere Adress- und Fachadressbücher finden Sie in dem etwa 150 Seiten starken "Offiziellen Verzeichnis der bei den Mitgliedern des Verbandes Deutscher Adressbuchverleger e.V. erscheinenden Adressbücher". Es ist kostenlos anzufordern beim Verband Deutscher Adressbuchverleger e.V., Ritterstrasse 17-19, 40213 Düsseldorf, Telefon (0211) 32 09 09

Wenn Sie in einem oder mehreren der Adressbücher aufgenommen sind, erhalten Sie sehr schnell auch Eintragungsangebote anderer Verlage. Das gilt sogar für einige internationale Ausgaben wie das grosse US-Werk: "Ulrich's International Periodicals Directory" (R.R.Bowkers Division of Reed Publishing, USA, 245 West 17 Street New York, NY.10011, USA). Dieses Mammutwerk wird von Bibliotheken, Verlagen, Werbeagenturen und Geschäftsleuten auf der ganzen Welt verwendet.

Sofern Sie noch keine eigene Publikation z.B. in Form einer Kundenzeitschrift herausgeben, sollten Sie eine solche aber einmal näher ins Auge fassen, da Sie dadurch manche kostenlose Werbung erreichen. Solch ein Blatt muss nicht aufwendig sein und braucht auch keine Auflage von zig- tausend Exemplaren.

Schon eine über Kopierer vervielfältigte Kundenzeitschrift, in der Mitteilungen des Hauses erscheinen oder Kundenzuschriften publiziert werden, erfüllt ihren Zweck. Auch Zusammenstellungen, die nur einmal im Jahr erscheinen, werden akzeptiert.

Wählen Sie einen aussagekräftigen Titel, der die Leser auf Ihre Angebote neugierig macht und möglichst schon eine Werbezeile darstellt. Anfragen beantworten Sie sofort mit einer Gratisnummer, in der u.a. dann zudem Ihre Produktofferten zu finden sind.

Des weiteren können Sie Ihre Angebote als "Pressedienst" anpreisen und auf Anfrage verschicken. Sofern Sie nützliche Informationen liefern, laufen solche Blätter unter der Bezeichnung "Fachpublikationen". Im STAMM gibt es dafür eine besondere, gern gelesene Sparte.

Daneben werden alle Publikationen und Bücher usw. in der zentralen Archivbibliothek gespeichert. Anschrift: Deutsche Bibliothek, Zeppelinallee 4-8, 60325 Frankfurt, Telefon (069) 7566-1. Von dort bekommen Sie eine ISSN- oder ISBN-Nummer.

Tipp: Der lukrative Anzeigentausch

Sobald Sie ein Kundenblatt herausbringen, können Sie mit anderen Herausgebern ähnlicher Blätter Anzeigenraum tauschen. Das heisst - Sie bieten den Verlagen kostenlose Aufnahme einer Anzeige in Ihrem Blatt an und erhalten im Gegenzug die freie Veröffentlichung Ihres Textes in dem Partnerblatt. Wenn nur 10 Verleger Ihren Text bringen, sprechen Sie bei einer angenommenen Auflage von nur 1000 Stück je Tauschpartner immerhin 10.000 Leser an, die Sie sonst nie erreicht hätten.

Sie selbst brauchen für diesen Dienst lediglich eine 1/4- oder 1/2-Seite Ihres Anzeigers zu opfern. Voraussetzung zum Funktionieren des Tausches ist natürlich unbedingte Seriosität auf beiden Seiten. Deshalb werden Sie um Zusendung der mit Ihrem Anzeigentext erschienenen Zeitschriftenausgabe bitten und andererseits den Tauschverlagen die Ausgaben Ihres Blattes mit der Gegenwerbung senden.

Selbstverständlich will ein Verlag mit einer Publikationsauflage von 10.000 Exemplaren nicht unbedingt mit einem tauschen, der knapp 1000 Exemplare unters Volk bringt. Dann drucken Sie

Existenzgründerkonzept Textil- & Modehandel

eben 2 Anzeigen des Grösseren gegen eine Anzeige von Ihnen - dem Beginner. Vornehmlich kleinere Verlage sind des öfteren an Anzeigentausch interessiert und in Amerika inserieren auf diese Weise einige tausend Kleinverleger gemeinsam.

Drehen Sie an der Werbespirale!

Ebenfalls mit nur wenig Aufwand lässt sich die sogenannte Werbespirale betreiben. Sie besteht aus einem DIN A4-Blatt, das Sie (beispielsweise) in zehn gleichgrosse Felder von je 4,5 x 9,5 cm Grösse unterteilen. In jedes Feld wird ein Anzeigentext getippt oder geklebt. Am Kopf des Blattes schreiben Sie eine Erklärung, wie diese kostenlose Gemeinschaftswerbung funktioniert. Sie lautet etwa folgendermassen:

DIE WERBESPIRALE - Der legale Weg zum Erfolg!

Zusammenarbeit ist besser als Konfrontation. Nutzen Sie deshalb die Chance einer völlig kostenlosen Anzeigenwerbung!

Kleben Sie Ihren Anzeigentext anstelle des hier durchgekreuzten und streichen Sie selbst das nachfolgende Inserat aus. Fertigen Sie nun eine beliebige Anzahl Kopien dieser Vorlage an (per Fotokopierer, Druck usw.) und fügen Sie diese Ihren Aussendungen bei.

Wenn Ihre Aktion nur 5 Nachahmer findet, die ihrerseits wieder so verfahren, bleibt Ihr Inserat für zehntausende Leser erhalten. Sofern die Texte etwas unleserlich geworden sind, schreiben Sie sie bitte neu oder fordern Sie von Ihrer Zusenderadresse bessere Druckvorlagen an. Die Teilnahme an der Werbespirale ist völlig freiwillig, kostenlos und verpflichtet Sie zu nichts. Jeder Mitwerber ist für seinen Anzeigentext selbst verantwortlich.

Nun lassen Sie sich 1000 oder mehr Exemplare dieser Anzeiger drucken oder vervielfältigen sich eine beliebige Anzahl mit dem Fotokopierer. In die acht Felder setzen Sie zum Anfang zwei

Inserate von Ihnen und einige von Firmen, die mit einer solchen Erst-Gratiswerbung einverstanden sind.

Alsdann werden die Blätter an Inserenten aus Werbe- und Handelsblättern geschickt, die einmal ihrerseits die Sache weiterführen, oder aber zumindest Ihre Werbung lesen. Statistisch gesehen würden bei nur 5 Teilnehmern je Aussendung innerhalb kurzer Zeit über 8 Stationen der wechselnden Felder 9.765.625 Personen erreicht. In der Praxis wird man jedoch wohl kaum über die 5. oder 6. Station hinauskommen, was aber auch noch 3.125 oder gar 15.625 Exemplaren entspricht.

Genau besehen, ist die Werbespirale eine Art Kettenbrief, der aber - da kostenlos, freiwillig und unverbindlich - niemandem schadet und als eine Art Werbegemeinschaftsaktion zu verstehen ist. Wenn Sie zudem Ihre Aussendungen an Ihnen bekannte oder interessierte Personen tätigen, kann sich auch niemand belästigt fühlen. Das trifft besonders auf Inserenten zu, die ja ohnehin Zuschriften auf ihre Veröffentlichungen erwarten.

6.10.3 Kostenlose Prospektwerbung mit Provisions-Prospekten

Dies ist eine Methode, Ihre Direktwerbekosten stark zu senken oder durch andere Anbieter ganz bezahlen zu lassen.

Mit "Provisions-Prospekten" sind Prospekte anderer Firmen gemeint, die Sie unter Ihren Kunden verteilen und aus den daraus resultierenden Umsätzen Sie Provisionen kassieren. Das heisst also, dass Ihnen von einigen Firmen Prospekte zur Verfügung gestellt werden, bei denen Sie nur Ihren Namen einstempeln müssen, um nach Versand derselben bei Eingang von Bestellungen Ihre "Provision" zu kassieren.

Nehmen wir folgendes Beispiel: Sie fordern von der Firma X ca. 1000 kostenlos abgegebene Provisions-Prospekte an. Nach Erhalt derselben setzen Sie in das dafür vorgesehene freie Feld Ihren Stempel mit Adresse ein und verschicken die 1000 Prospekte an Ihre Kunden.

Bei eingehenden Bestellungen - per Sofortkasse - nehmen Sie Ihre Provision ab (z.B. 50%) und schicken den Auftrag mit Restbetrag und Kundenanschrift an die Firma, die Ihnen die Prospekte schickte. Diese liefert die per Prospekt geordete Bestellung entweder an Sie oder - falls Sie Empfänger- und Ihren Adressaufkleber mitschickten - direkt an Ihren Kunden aus.

Wenn alles korrekt verläuft, haben Sie bei dieser auf dem sogenannten Dropshipping basierenden Methode mit den Provisions-Prospekten ein einfaches Geschäft getätigt, das sich - wenn der Kunde zufrieden war - mehrmals wiederholen lässt. Dadurch bauen Sie sich einen Kundenstamm auf und Ihr Lieferant macht durch mehrmalige seriöse Auslieferung längerfristige Umsätze mit Ihnen.

Wo liegt nun Ihr Nutzen bei dieser Methode? Ganz einfach: Mit den "Provisionen", die Sie auf diese Umsätze erhalten, können Sie Ihre Direktwerbung finanzieren. Es gibt Firmen, die ihre Werbekosten durch die Provisionen aus solchen "Verbundwerbungen" komplett bezahlen können.

Je mehr solcher Prospekte Sie bekommen, desto grösser werden Ihre Chancen, damit gutes Geld zu verdienen. Wenn Sie von 10 verschiedenen Firmen deren Prospekte zu verschicken haben, kann es bereits lohnend sein, dafür eine Kleinanzeige in einem geschäftlichen Werbeblatt (Handels-Magazin oder Zentralmarkt usw.) aufzugeben.

In den USA und Kanada nennt man solche Angebote "Big Mails", das heisst, alle so erhaltenen Kleinprospekte werden in einen Umschlag gesteckt und als "grosse Post" (Big Mail) offeriert. Die Zusendung der Angebote wird entweder kostenlos oder gegen Portoerstattung (in der Regel $ 1.00) vorgenommen.

Existenzgründerkonzept Textil- & Modehandel

Die Interessenten für solche Big Mails sind dann meistens auch Besteller und spätere Kunden.

Wie und wo bekommt man nun solche "kostenlose" Provisions-Prospekte? Da gibt es zwei Wege: Entweder man schreibt die Anbieterfirmen an, die man sich aus entsprechenden Publikationen herausgesucht hat, oder man lässt sich selbst als Suchender für solche Prospekte auflisten. Es gibt da einige Direktmarketing Publikationen im deutschsprachigen Europa, die Ihre Adresse unter einer geeigneten Rubrik auf laufender Basis veröffentlichen.

Noch ansprechender wirkt, wenn Sie anbieten: "Wir verschicken Ihre Prospekte kostenlos!" Dadurch entsteht der Eindruck, dass Sie nicht etwas wollen, sondern anzubieten haben. Dabei geht man von der Überlegung aus, dass viele Prospektversender gegen einen Unkostenbeitrag auch fremde Prospekte Ihren Aussendungen beilegen. Die Kosten für 1000 DIN A4-Prospekte liegen bei etwa EUR 50.--.

6.10.4 Ideen zur Verbreitung von Werbemedien

Der einfachste Weg, Werbeprospekte kostenlos unters Volk zu bringen, ist, sie eigenhändig oder zusammen mit der Familie in die Briefkästen der Umgebung zu stecken. Sofern Sie zum Selbstkostenpreis drucken (lassen) können, ergibt sich daraus die Möglichkeit, den Werbe-Kunden, von denen Sie Provisions-Prospekte verteilen, nicht nur einen preiswerten Druck, sondern zudem sogar die Verteilung von deren Prospekten anzubieten.

Wenn Sie sich sogar als Vermittler für den Druck der Kundenprospekte einschalten, druckt die Druckerei Ihre Prospekte evtl. günstiger oder sogar kostenlos. Wenn Sie zudem Ihren Verteil-Kunden zwischen 20.- und 40.- EUR pro Tausend Stück Verbreitung ihrer Prospekte berechnen, können Sie Ihre eigenen Prospekte gleichzeitig kostenlos verteilen.

Existenzgründerkonzept Textil- & Modehandel

Wollen Sie nicht nur Hausbewohner, sondern Geschäftsleute und Wiederverkäufer erreichen, stehen Sie sich besser, wenn Sie Ihre Verteilung auf Fachmessen und Handelsausstellungen vornehmen. Zur Kostenersparnis wird die Verteilung vor den Toren der Messehallen durchgeführt. Ausserdem sollten Sie Werbematerial in den Hotels und auf den Parkplätzen hinterlegen.

Zur Deckung Ihrer Unkosten können Sie Ihre Verteilerdienste Firmen gegen bar (per Inserat) anbieten und dann die eigenen Prospekte gleich mitverteilen.

6.10.5 Gratiswerbung im Ausland

In den USA und dem englischsprachigen Ausland wachsen jeden Monat Kleinanzeiger aus dem Boden, deren Herausgeber Inserenten und Bezieher suchen. Als Anreiz und zum Füllen der ersten Seiten werden den neuen Kunden nicht selten kostenlose Testinserate angeboten. Wenn dazu der Anzeigenauftrag noch aus dem Ausland kommt, wird das für den Herausgeber gern als "Aushängeschild" für die Beliebtheit seines Blattes und dessen Seriosität angesehen.

Interessante Angebote für kostenlose Insertion oder das Versenden von Prospekten finden sich - in englischer Sprache - unter anderem in folgenden Publikationen:

Popular Advertiser

993 Meadowlawn Drive, Salem, OR 97301, USA

USA Mail Sale Advertiser

828 Fullerton Ave., Chicago, IL 60614, USA

Canadian Mail Advertiser

90 Earl Street, Hamilton, Ont., Canada

Existenzgründerkonzept Textil- & Modehandel

Fordern Sie von dort zunächst ein Probe- oder Musterexemplar an. Ihr Schreiben sollte mit gedrucktem Briefkopf erfolgen und etwa folgendermassen (oder ähnlich) lauten:

Ihr gedruckter Firmen-Briefkopf mit Name, Anschrift und Telefon-Nummer

(Name und Adresse des Empfängers)

Dear Sirs,

We have taken notice of your special publication (Name der Publikation).

Please send us a sample copy together with your conditions for annual subscription and advertising.

Thank you for your prompt reply.

Yours faithfully

(Unterschrift)

Zu deutsch heisst das etwa:

Sehr geehrte Herren,

wir haben Kenntnis erhalten von Ihrer Zeitschrift (Name der Zeitschrift).

Bitte senden Sie uns ein Musterexemplar mit Ihren Konditionen für ein jährliches Abonnement und Anzeigenwerbung zu.

Danke für Ihre umgehende Antwort.

Mit freundlichem Gruss

Existenzgründerkonzept Textil- & Modehandel

Zur besseren Beachtung macht es sich gut, wenn Sie einen Internationalen Antwortschein (erhältlich an jedem Postschalter) beifügen. Schicken Sie dann Ihren Brief möglichst per Luftpost an die besagten Adressen.

Nach Erhalt der Hefte und Anzeigenblätter werden Sie an die hundert interessante Angebote finden, von denen sicher einige kostenlose Insertion oder Prospektversand anbieten.

Sollten Ihnen die angegebenen Adressen nicht genügen, suchen Sie sich Anbieter von "Big Mails" heraus. Diese Firmen schicken Ihnen für 1 Dollar einen grossen Umschlag zu, der mit Kleinanzeigern, Flugblättern, Zeitschriften und Prospekten vollgestopft ist.

In diesen "Big Mails" finden Sie in der Regel weitere Publikationen, die Sie mit dem o.a. Text ebenfalls anfordern können. Bitten Sie gleichzeitig oder bei einer zweiten Zuschrift um die Aufnahme Ihrer beigefügten Gratisanzeige zu Testzwecken. Weisen Sie darauf hin, dass Sie erwägen, bezahlte Inserate zu schalten, wenn der Erfolg akzeptabel ist. Der Text könnte etwa folgendermassen lauten:

Ihr gedruckter Firmen-Briefkopf mit Name, Anschrift und Telefon-Nummer

(Adresse des Empfängers)

Dear Sirs,

If possible, please run the following ad-text in the next issue of your publication.

Existenzgründerkonzept Textil- & Modehandel

As soon as reasonable results come in, we're willing to continue advertising at your regular ad-rates. Thank you!

Greetings

(Unterschrift)

Zu deutsch heisst das:

Sehr geehrte Herren,

wenn möglich, veröffentlichen Sie bitte den folgenden Anzeigentext in der nächsten Ausgabe Ihrer Publikation. Sobald sich erste ernstzunehmende Resultate einstellen, sind wir gern bereit, Inserate zu den regulären Anzeigenpreisen aufzugeben.

Vielen Dank!

Freundliche Grüsse

(Unterschrift)

Danach müsste dann Ihr Text (natürlich in englischer Sprache) erscheinen, der aber nicht mehr als 30-40 Worte umfassen sollte. Überlegen Sie genau, was Sie anbieten wollen und wählen Sie eine markante und kurze Erläuterung. Wägen Sie jedes Wort genau ab.

Falls Sie Tausch, nämlich Anzeigenraum gegen Prospektversand, wünschen, fügen Sie unter Ihrer Adresse den Hinweis (PIMAS) oder (PIM-300) an. In der US-Werbesprache bedeutet das: P = please, I = insert, M = my, A = ad, S = send all your circulars for free mailing. Zu gut deutsch etwa: "Bitte veröffentlichen Sie mein Inserat und senden Sie Ihre Prospekte zum freien Versand durch mich."

Können oder wollen Sie nur eine bestimmte Menge zum kostenlosen Versand bzw. Tausch übernehmen, schreiben Sie (PIM-300) oder eine andere Zahl als akzeptierte Prospektmenge. Bei gewünschtem Anzeigentausch setzen Sie an das Ende Ihres Inserats (PIM-X-Ad).

Das heisst: Bitte bringen Sie mein Inserat und senden Sie mir Ihr Austauschinserat zur freien Veröffentlichung in meinem Blatt. Der Buchstabe X steht dabei für Tausch (exchange). Wenn Sie statt Inserate Prospekte tauschen wollen, gilt der Hinweis: (X-100-500) = senden Sie 100-500 Prospekte zum Tauschversand.

Heisst es (X-100-500-9x12), will man andeuten, dass man Prospekte in der Grösse 9x12"(inch) d.h. DIN A4-Prospekte tauschen will. Meistens werden jedoch kleinere Mails getauscht (3x6) oder (6x9). Wie schon erwähnt, geschieht die Sache auf Vertrauensbasis und wird meistens von kleineren Versandfirmen und Verlagen angeboten und durchgeführt.

Sofern Sie bereit sind, für die von Ihnen angebotenen Artikel eine Vermittlungsprovision zu gewähren (englisch: commission), erreichen Sie in den meisten Fällen eine 100%ige Aussendung. Die Abrechnung der "commission" geschieht dadurch, dass der Aussender von den eingehenden Bestellungen seine Provision einbehält und den Restbetrag + Bestelleradresse zur Direktauslieferung (drop-shipping) an Sie gibt.

Da Sie erst dann etwas liefern, wenn Sie Vorkasse erhielten, ist diese Form des Prospektversands für Sie ebenfalls kostenlos. Dennoch sollte man zur Durchführung dieser Tauschpraktiken sich etwas in der englischen Sprache auskennen.

6.10.6 Telefonwerbung

Abgesehen davon, dass Telefon-Direktwerbung seit einigen Jahren in unserem Land nahezu verboten ist, kosten lange Telefonate viel Geld. Anders sieht es aus, wenn Sie einen automatischen Anrufbeantworter als nützlichen Helfer einsetzen.

Besprechen Sie ein Band mit Ihren Angeboten und bringen Sie sodann Kurzinformationen, einen "Witz der Woche" oder ähnliches darauf unter. Geben Sie am Schluss des Bandes Ihre Adresse und Rufnummer an, unter der Sie für Bestellungen zu erreichen sind.

Sofern dieser Service in Ihrem Ort nicht bereits an anderer Stelle besteht, kann es lohnend sein, ihn der Presse bekannt zu machen und damit eine Gratis-Vorstellung zu erreichen. Ansonsten können Sie den Info-Dienst kurz im Telefonbranchenbuch oder mit einer Zeile in Tages- und Wochenzeitschriften erwähnen.

Damit der Reiz erhalten bleibt, sollten Sie mindestens einmal im Monat (besser wäre wöchentlich) die Infos erneuern. Sobald die ersten Informationen abgerufen wurden, wird man Ihre Telefonnummer als "Geheimtipp" empfehlen und Ihr Anrufbeantworter hat ständig zu tun. Wählen Sie deshalb ein robustes und bewährtes Markengerät und ein nicht zu langes Band aus, da der Text möglichst oft hintereinander laufen soll.

Damit Sie nicht etwa Ihren normalen Telefonanschluss blockieren, brauchen Sie für den werbenden Anrufbeantworter unbedingt einen zweiten Anschluss. Um die Kosten für diesen Zweitanschluss hereinzubekommen, bieten einige Firmen anderen Unternehmen sogar bezahlten Anzeigenraum auf ihren Werbebändern an. Allerdings muss man bei einem 3-5 Minuten langem Band schon gut überlegen, wie man Information, Werbung und Adresse zügig und doch verständlich spricht und so verteilt, dass möglichst viele Anrufer "hereinhören" können.

6.10.7 Werbung per CD-ROM

Je nach Art und Umfang der Informationen lassen sich auf einer herkömmlichen CD-ROM mehrere tausend DIN A4-Seiten Text speichern. Das ergibt viel Raum für Werbemitteilungen.

Teilen Sie den Redaktionen überregionaler Zeitschriften und Computer-Publikationen mit, dass Sie auf Anfrage kostenlos (oder gegen einen Unkostenbetrag von 2.- EUR) eine CD mit interessanten Geschäftsideen, Witzen, Kuriositäten oder Insider-Informationen verschicken. Notfalls geben Sie hierfür ein kleines Inserat auf.

Offerieren Sie als nächstes Geschäftsleuten aller Branchen preiswerten Anzeigenraum auf den von Ihnen verschickten CD´s. Sofern Sie glaubhaft nachweisen können, dass für die "CD-Zeitung" eine rege Nachfrage besteht (und dem ist wirklich so), werden sich bald Interessenten finden, die auf diese Weise ein weitgehend noch unbekanntes Werbemedium nutzen wollen.

Interessenten sind besonders Anbieter von Bürogeräten, Einrichtungen, Fachbüchern und artverwandten Produkten. Wenn von hundert angesprochenen Firmen zunächst nur zehn einen Versuch wagen, kommen Sie bei einem Seitenpreis von 50.- EUR immerhin auf 500.- EUR Einnahmen und können dafür bereits einige hundert CD´s und Versandtaschen finanzieren.

Schreiben Sie nun einen 30 bis 50 Seiten umfassenden Text, der aus Insider-Tipps, Bürosprüchen, Witzen oder Einkaufsadressen besteht und setzen Sie Ihre Werbung, sowie die Ihrer Auftraggeber dazwischen. Sobald die Interessenten die aufgeführten Texte und Informationen lesen, werden sie auch die Werbung zur Kenntnis nehmen.

Im Laufe der Zeit können Sie auf diese Weise eine richtige CD-Zeitung mit einem vielseitigen Angebotsprogramm aufbauen. Solche "Software" wird bereits von mehreren Verlagen im A-

Existenzgründerkonzept Textil- & Modehandel

bonnement herausgegeben, aber je mehr die Zahl der Eigner von Computern zunimmt, desto mehr Chancen bestehen für Sie, sich mittels der so angebotenen CD´s werbemässig weiter auszubreiten und kostenlose Eigenwerbung zu betreiben. Allein im deutschsprachigen Raum stehen bereits etwa 75 Mio. PC´s.

Um die Eigenkosten in Grenzen zu halten, empfiehlt es sich, die CD´s gleich in grösseren Stückzahlen beim Grosshandel einzukaufen. Dabei stehen die Datenträger ohne Namen (noname) den Markenprodukten kaum nach und werden sogar mit einer entsprechenden Garantie angeboten. Kostenersparnis: bis zu 200% pro Stück.

6.10.8 Werben durch Empfehlungen

Die beste kostenlose Werbung besteht noch immer in der lobenden Empfehlung durch zufriedene Kunden. Diese, auch als "Mund-zu-Mund-Werbung" bekannt gewordene Form der Reklame, können Sie dadurch unterstützen, dass Sie Ihre Kunden, die Personen nämlich, die auf Sie aufmerksam machen, mit einer kleinen Vergütung bedenken, die in einem besonderen Buch, einer Abonnementsverlängerung oder einem Sachpreis bestehen kann.

Achten Sie jedoch darauf, dass Sie bei Ihren Formulierungen keine "Gratis"-Dinge offerieren, da das z.B. in Deutschland je nach Formulierung, gegen das Rabatt- oder Wettbewerbsgesetz verstossen kann. Ziehen Sie im Zweifelsfall also am besten einen Anwalt oder Werbeberater hinzu.

Sehr ertragreich werden Empfehlungen, wenn sie von öffentlichen Stellen, wie etwa Gesundheits- und Umweltämtern, Verbänden und Organisationen herausgegeben werden. Prüfen Sie deshalb, ob Ihr Produkt möglicherweise eine Hilfe für Behinderte, Blinde, alte oder junge Menschen darstellt, ob es besonders sicher im Umgang oder umweltfreundlich ist.

Existenzgründerkonzept Textil- & Modehandel

Ähnliches gilt für Bewertungen, wie "Spiel gut" oder gar ein "Sehr gut!" oder "Gut!" von der in Berlin ansässigen Stiftung Warentest. Desgleichen ist es bares Geld wert, wenn Zeitschriften oder Fernseh- und Rundfunk-Moderatoren eine Ware oder Dienstleistung als empfehlenswert einstufen.

Vertreiben Sie ein Buch, das den Lesern spezielle Informationen über Steuer-, Miet- und Hausrecht, Gesundheits- oder Familienfragen gibt? Für solche Fachgebiete findet sich ein Amt oder eine Interessengemeinschaft, die dafür kostenlose Empfehlungswerbung machen kann.

Haben Sie etwas über Altersfragen zu sagen, dann schreiben Sie an die "Grauen Panther" und stellen Sie sich und Ihr Produkt oder Ihre Dienstleistung den Leuten vor. Sind Ihre Informationen eher für Familien, dann kann das für Familienministerien der Länder, Jugendämter und die entsprechenden Verbände interessant sein.

Der Autor gab vor Jahren seinen ersten "Deutschen Versand-Einkaufsführer" mit ca. 1800 deutschen Versandfirmen und ihren Erzeugnissen heraus. Die dafür aufgewendete Anzeigenwerbung brachte zunächst nur einen mässigen Erfolg. Nach der zweiten und erweiterten Auflage (2200 Anschriften und Daten), sandte er das Werk an eine grössere Publikation, die es den Lesern empfahl. Darauf kamen einige hundert Bestellungen.

Man muss die richtigen Ansprechpartner nur aufspüren und dann auch ansprechen. Manchmal klappt es erst beim zweiten oder dritten Versuch. Wenn die Empfehlung aber erst mal läuft, ist sie nicht mehr aufzuhalten.

6.10.9 Kostenlose Werbung in Rundfunk und Fernsehen

Trotz der horrenden Preise für eine Minute Radio- oder gar Fernsehwerbung, gibt es doch einige Möglichkeiten, auch über Funk und Fernsehen kostenlose Werbung zu betreiben. Denken Sie nur an Sendungen wie "Was bin ich?", bei der jedesmal einige Personen vorgestellt werden, die einen originellen Beruf ausüben. Der Zustrom von Aufträgen nach einer solchen Sendung nimmt für die Vorgestellten regelmässig stark zu.

Daneben gibt es Radio- und Fernsehsendungen für Verbraucher, Hausfrauen, Autofahrer, Senioren usw. bei denen laufend Bücher, Produkte aller Art, Dienstleistungen usw. vorgestellt werden. Gedacht sei hier beispielsweise an Ausstrahlungen wie "Markt" oder „ARD-Ratgeber".

Privatsender, wie RTL oder SAT1 machen manchmal sogar bereits in den ersten Stunden des Tages im Frühstücksfernsehen in Vorstellungen verschiedener Art Werbung für Produkte oder Dienstleistungen. Ausserdem existieren in einigen Grossstädten Kabel-, Hotel- und Krankenhaus-Sender mit einem reichhaltigen Programm für die Bewohner und Insassen.

Die Zahl der spezialisierten Anbieter wird in den nächsten Jahren mit dem Ausbau der Digitalnetze noch weiter steigen. Zum Teil leben solche Sendungen auch von der Vorstellung neuer und interessanter Produkte. Diese werden dann mit den Angaben über die Lieferfirmen in Listenform zusammengestellt und den Zuhörern und Zuschauern kostenlos, z.B. über Videotext oder Internet angeboten.

Einige solcher Listen sind schon über 100'000 mal angefordert worden. Stellen Sie sich vor, wenn auch I h r Name auf einer solchen Liste steht.

Existenzgründerkonzept Textil- & Modehandel

Haben Sie ein ausgefallenes Hobby, eine Entdeckung gemacht, etwas erfunden oder eine besondere Sammelleidenschaft, die Sie einem breiten Publikum mitteilen wollen? Schreiben Sie an die Sender und beliefern Sie sie mit Mustern Ihres Könnens.

Sobald sich Personen für eine Kontaktaufnahme melden, können Sie denen auch Ihre kommerziellen Angebote unterbreiten. Manche Betreiber kurioser Geschäftsideen und seltener Unternehmen sind schon in die Studios eingeladen worden. Dabei ist es ähnlich wie mit einer Vorstellung in einem Adressbuch, hat Sie erst einmal einer entdeckt, werden Sie in der Regel ohne Ihr Zutun "weitergereicht".

Natürlich soll bei solchen Veranstaltungen keine "Schleichwerbung" gemacht werden, aber schon die angegebene Adresse genügt oftmals, um eine Anfragenlawine "ins Rollen" zu bringen. Wirklich schwierig ist nur der erste Schritt.

Nachfolgend die wichtigsten Anschriften öffentlich-rechtlicher und privater Radio- und Fernsehsendeanstalten:

ARD (Programmdirektion)

Arnulfstr. 42, 80335 München, Tel. (089) 59 00 01

Bayerischer Rundfunk

Rundfunkplatz 1, 80335 München, Tel. (089) 59 00 01

Süddeutscher Rundfunk (SDR)

Neckarstr. 230, 70190 Stuttgart, Tel. (0711) 28 81

Südwestfunk (SWF)

Hans-Bredow-Strasse, 76530 Baden-Baden, Tel. (07221) 276-1

Hessischer Rundfunk (HR)

Existenzgründerkonzept Textil- & Modehandel

Bertramstr. 8, 60320 Frankfurt, Tel. (069) 1551

Westdeutscher Rundfunk (WDR)

Appellhofplatz 1, 50667 Köln, Tel. (0221) 22 01

Radio Bremen (RB)

Bürgerm.-Spitta-Allee 45, 28329 Bremen, Tel. (0421) 246-0

Norddeutscher Rundfunk (NDR)

Rothenbaumchaussee 132, 20149 Hamburg, Tel. (040) 41 31

Sender Freies Berlin (SFB)

Masurenallee 8-14, 14057 Berlin, Tel. (030) 30 31-0

ZDF

Essenheimer Landstrasse, 55128 Mainz, Tel. (06 31) 701

SAT1

Hegelstrasse 61, 55122 Mainz, Tel. (061 31) 38 00

RTL

Aachener Str. 1036, 50858 Köln, Tel. (0221) 489 50

Pro 7

Leopoldstr. 145, 80804 München, Tel. (089) 360 80 60

Sky Channel

Centaurs Business Park, Grant Way, Off Syon Lane, Middlesex TW7 5QD, England. Telefon (00441) 30 00

TV 5

Existenzgründerkonzept Textil- & Modehandel

78, Avenue Raymond Poincaré, F-75116 Paris, Frankreich

Deutschlandfunk

Raderberggürtel 40, 50968 Köln, Tel. (0221) 345-1

Deutsche Welle

Raderberggürtel 50, 50968 Köln, Tel. (0221) 38 90

RIAS-Berlin

Kufsteiner Str. 69, 10825 Berlin, Tel. (030) 8503-0

AFN (amerikanisch)

Bertramstr. 6, 60320 Frankfurt, Tel. (069) 151-61 01

BFBS (britisch)

Parkstrasse 61, 50968 Köln, Tel. (0221) 37 69 90

FFB (französisch)

Kurt-Schumacher-Damm, 13405 Berlin, Tel. (030) 418 17 50

BBC (deutsches Programm)

Savignyplatz 6, 10623 Berlin, Tel. (030) 31 6773

RTL

Parc Municipal, L-2850 Luxemburg 1002, Tel. (00352) 13 31

Radio Nederland

Postbus 10, NL-1200 JB Hilversum, Niederlande

Österreichischer Rundfunk (ORF)

Würzburggasse 30, A-1136 Wien

Existenzgründerkonzept Textil- & Modehandel

Schweizer Radio- und Fernsehgesellschaft (SRG)

Fernsehstr. 1-4, CH-8052 Zürich, Schweiz

Danmarks Radio

Rosenoerns Allee 22, DK-1999 Kopenhagen V, Dänemark

Antenne Bayern

Münchner Str. 20, 85774 Unterföhring, Tel. (089) 95 99 9-0

RPR

Turmstrasse 8, 67059 Ludwigshafen, Tel. (0621) 590 00 35

RSH

Funkhaus Wittland, 24109 Kiel, Tel. (0431) 587 00

Radio Hamburg

Speersort 10, 20095 Hamburg, Tel. (040) 339 71 40

Radio FFN

Dorfstrasse 2, 30916 Isernhagen KB, Tel. (05139) 80 80 0

Radio in Berlin

Kurfürstendamm 65, 10707 Berlin, Tel. (030) 88 42 87 10

Regionale Fernsehsender

Erste Private Fernsehgesellschaft

Amtsstr. 5-11, 67059 Ludwigshafen

Evangelisches Fernsehen

Birkerstrasse 22, 80636 München

Film, Musik und Video

Kaiserdamm 7, 14057 Berlin

German Television News

Winsstr. 15, 10405 Berlin

Kabel-Media-Programmgesellschaft

Bahnhofstr. 33, 85774 Unterföhring

Lokalsender Berlin

Movie Channel KG, Lietzenburger Str. 44, 10789 Berlin

Media Vision

Babelsberger Str. 37, 10715 Berlin

Media Vision

Südliche Ringstrasse 195, 63225 Langen

Movie Channel 1

Lichtenbergerstr. 10, 67059 Ludwigshafen

PAN-TV Produktion

Arabellastrasse 23, 81925 München

Satellite Television

Sky Channel, Kaiserstr. 11, 60311 Frankfurt

Extratipp: Werbung auf Anschlagtafeln

Früher war es Mode, Mitteilungen, An- und Verkaufsanzeigen wild an Bäumen, Zäunen und Hauswänden anzubringen, um Passanten auf sich aufmerksam zu machen. Das ist heute weit-

Existenzgründerkonzept Textil- & Modehandel

---

gehend untersagt und wird gar als Umweltbeschmutzung geahndet.

Dennoch können Sie mit Anschlagwerbung kostenlos werben, wenn Sie ein eigenes Grundstück besitzen oder das eines Bekannten, Freundes oder der Eltern benutzen dürfen. Besonders vielversprechend ist es, wenn das betreffende Grundstück an einer belebten Strasse mit grossem Passantenaufkommen liegt.
Sofern Sie kein eigenes Grundstück haben oder kostenlos für Ihre Zwecke bekommen können, sprechen Sie mit anderen Hausbesitzern und Geschäftsinhabern, um an deren Wänden, Zäunen oder Schaufenstern Ihre Offerten anzubringen. Vereinbaren Sie nach Möglichkeit Gewinnbeteiligung oder - wenn das nicht akzeptiert wird - eine günstige Monatsmiete für die benötigte Fläche.

Bewährt haben sich kleine Pappkärtchen im Format DIN A6 oder A7, auf denen mit dem PC die jeweiligen Angebote und Nachfragen geschrieben und auf eine Tafel gepinnt bzw. geklebt werden. Zum Schutz gegen die Witterung versieht man diese Holz- oder Kunststofftafeln mit einer Plastikfolie oder gleich mit einer richtigen Scheibe und verschliessbarem Türrahmen.

Um Ihre Platzmiete wieder hereinzubekommen, gewähren Sie den Passanten gegen eine kleine Gebühr von 5 bis 10 EUR pro Inserat und Woche/Monat ebenfalls die Veröffentlichung ihrer Wünsche. Bei nur 20 Inserenten zu je EUR 5,-- bekommen Sie immerhin 100 EUR als Miete herein, während Sie Ihre eigenen 3-5 Inserate kostenlos aufhängen.

Je mehr Anzeigenkästen Sie in der Stadt anbringen, desto grösser wird Ihr eigener Gewinn aus der Werbewirksamkeit und dem Anzeigengeschäft. Damit schlagen Sie gleich zwei Fliegen mit einer Klappe.

Besonders in Kur- und Ferienorten, wo die Gäste viel Zeit und Musse zum Wandern und Promenieren haben, rentiert sich die Anschlagtafelwerbung bestens. Doch auch in Grossstädten mit einem regen Geschäftsstrassenbetrieb kann diese Werbeform zur Goldgrube werden. Sofern Sie an den Tafeln noch kleine Schuber befestigen, in denen Prospekte zum Entnehmen deponiert werden, erhalten Sie eine weitere gute Chance, sich ohne Verteilerkosten dem Publikum zu präsentieren.

6.10.11 Nutzen Sie auch das Auto als Werbemedium

Jeder Autohändler, der Ihnen einen neuen Wagen verkauft, benutzt Sie auch gleich als Werber für sein Geschäft. Sie fahren seine Plakette mit Adresse und Rufnummer, fest an Ihrem Fahrzeug angebracht, spazieren und überall, wo Sie das Auto abstellen, kann man diese Reklame lesen. Warum wollen Sie nicht mal für sich selbst mit Ihrem Wagen Werbung machen?

Keine Angst, dazu brauchen Sie das Fahrzeug weder umzuspritzen, noch den teuren Lack zu beschädigen. In jedem grösseren Ort gibt es Geschäfte, die Ihnen Schilder liefern, die magnetisch an der Karosserie des Autos haften. Schauen Sie im Telefon-Branchenbuch (Gelbe Seiten) nach unter "Schilder". Eine Direktlieferadresse finden Sie mit der Kasper & Keller GmbH, Postfach 1221, 79224 Umkirch, Telefon (07665) 7007.

Nun können Sie entweder Ihre Werbetexte, Firmenadresse usw. direkt auf Seiten und Dach anbringen, oder aber mittels Magnethalterung einen einfachen Entnahmebehälter für Prospekte befestigen. Aus dieser, zur Fussgängerseite hin befindlichen Box, Tasche oder Plastiktüte dürfen die Passanten sich jeweils ein Prospekt entnehmen.

Statt Magnethalterung können Sie auch Saugnäpfe verwenden, mit deren Hilfe der Prospektebehälter an der Aussenscheibe des Fahrzeugs befestigt wird. Während Sie nun in der Stadt an einer

Existenzgründerkonzept Textil- & Modehandel

möglichst belebten Strasse parken, werden die Passanten mit Ihren Angeboten bedacht. Um die Hemmschwelle weitgehend abzubauen, können Sie noch einen Pfeil anbringen, der auf das Behältnis hinweist und zur Entnahme auffordert.

Gleichzeitig oder separat lässt sich zudem eine Anschlagtafel anhängen, auf der Ihre und fremde Werbetexte angebracht wurden (siehe unter "Anschlagtafeln"). Da Ihr Auto Ihr spezielles Eigentum ist, benötigen Sie auch kein anderes Grundstück mehr. Wohl müssen Sie darauf achten, dass gewisse Parkvorschriften nicht übertreten und natürlich die Parkzeit nicht überschritten wird.

Hat Ihr Fahrzeug eine längere Zeit an einem Platz gestanden, bringen Sie es danach an eine andere Stelle. Die Werbewirksamkeit wird noch erhöht, wenn Sie statt des normalen PKWs einen 10-Personen-Bus verwenden, den Sie ringsum - nach dem Abstellen - mit mehreren Werbetafeln bestücken. Sofern Sie dabei auf einem Parkplatz stehen und nicht etwa den fliessenden Verkehr gefährden, bestehen keine Bedenken.

Allerdings sollten Sie, wenn Sie besondere Aufbauten, Figuren und Formen in Ihre Werbung mit einbeziehen wollen, vorher sicherheitshalber das Strassenverkehrsamt dazu befragen.

Werbung auf Firmen- und Lieferfahrzeugen ist ein alter Hut. Neu dürfte jedoch bei uns der Gedanke sein, auch einmal das Autodach mit Werbung zu beschriften. Dadurch können aus dem Fenster schauende Mitbürger schnell mal eine Information aufnehmen und die dazugehörende Telefonnummer - für detaillierte Offerten - aufschreiben.

Wo immer es sich machen lässt und es erlaubt ist, können Sie sich mit Ihrem Auto an belebten Plätzen postieren und im Kofferraum mitgeführte Handzettel verteilen. Auf Messen, Verbraucherausstellungen, Jahrmärkten und dergleichen findet sich in den meisten Fällen auch ein geeignetes Plätzchen, wo Sie einen Klapptisch hinstellen dürfen, um von dort aus Ihre Werbung unters Volk zu bringen.

Besonders werbeträchtig ist die Benutzung eines speziellen Fahrzeugs für die hier aufgezeigten Möglichkeiten. So fällt beispielsweise ein guterhaltener Oldtimer aus dem Jahre 1950 mehr auf, als ein Mittelklassewagen der Gegenwart. In der Nähe von Köln wirbt ein Friseurbetrieb mit zwei fliederfarbenen Fahrzeugen, auf denen in goldener Schrift die Firmenangaben stehen. Der Wagen wird unter vielen hundert anderen Autos sofort erkannt und beachtet.

Andere Fahrzeuge wurden kunstvoll mit Gemälden verziert, die ebenfalls grosse Beachtung finden. Ein springender Tiger oder eine hübsche Pin-up-Blondine hebt solch einen Wagen sofort aus der Menge heraus. Wird dieses Gefährt dann auch noch mit Werbung nach dem oben aufgezeigten Muster ausgerüstet, geht kaum ein Strassenpassant daran vorüber. Solche "Visitenkarten" werden immer beachtet.

6.10.12 Zeitungen für kostenlose Privatanzeigen

In der Bundesrepublik Deutschland und im westlichen Ausland werden einige Dutzend Zeitschriften herausgebracht, in denen private Anbieter ihre Tausch-, An- und Verkaufsgesuche, Korrespondenzwünsche und dergleichen kostenlos aufgeben können. Dabei achten die Verleger natürlich peinlich genau darauf, dass sich nicht etwa auch gewerbliche Offerten dazwischen schmuggeln.

Aber mit etwas Überlegung kann man doch das eine mit dem anderen verbinden. So etwa, wenn Sie einen Tauschpartner für Briefmarken suchen und dann neben Ihrem durchaus auch privaten und seriösen Tauschangebot Briefmarken zum Kauf anbieten. Das klappt auch mit Büchern, Videokassetten, Schallplatten

Existenzgründerkonzept Textil- & Modehandel

---

und anderen Artikeln. Wichtig ist eben nur, dass Sie neben der kommerziellen Absicht private Angebote unterbreiten können.

In folgenden Blättern können Sie kostenlose Privatanzeigen aufgeben:

Annonce

Hochstadenstr. 1-3, 50674 Köln, Tel. (0221) 21 76 11

Annoncen-Avis

Uerdinger Str. 124, 40474 Düsseldorf, Tel. (0211) 43 88

Annoncen-Avis

Eiffestrasse 76, 20537 Hamburg, Tel. (040) 25 75 75

Emm-Ess

Hörster Str. 21, 48143 Münster, Tel. (0251) 46 509

Findling

Heuduckstrasse 27, 66117 Saarbrücken, Tel. (0681) 58 46 051

Flohmarkt

Postfach 89, 72810 Gomaringen, Tel. (07056) 81 85

Der heisse Tip

Orffstrasse 7, 90439 Nürnberg, Tel. (0911) 65 87 898

Das Inserat

Waldstrasse 44, 60528 Frankfurt, Tel. (069) 67 60 07

Karlsruher Anzeiger

Postfach 41 05 45, 76137 Karlsruhe, Tel. (0721) 69 64 24

Existenzgründerkonzept Textil- & Modehandel

Kleinanzeiger

Postfach 411, 32657 Lemgo, Tel. (0526) 14 444

Der Kleinanzeiger

Postfach 2101, 37073 Göttingen, Tel. (0551) 48 45 24

Die Kleinanzeige

Postfach 1447, 37520 Osterode, Tel. (05521) 40 00

Marktplatz

Platenstrasse 14, 50825 Köln, Tel.(0221) 55 30 31

Münchner Basar

Postfach 40 12 61, 80637 München, Tel. (089) 18 11 11

Revier Markt

Postfach 10 20 06, 44793 Bochum, Tel. (0234) 189 88

Sperr Müll

Gaussstrasse 41, 68623 Lampertheim, Tel. (06206) 50 000

(Ausgaben in Heidelberg, Mainz, Mannheim und Wiesbaden)

Such & Find

Andernacher Str. 48, 56070 Koblenz, Tel. (0261) 8 11 10

Zweite Hand

Potsdamer Str. 70, 10785 Berlin, Tel. (030) 26 11 258

Zypresse

Engelbergerstr. 47, 79106 Freiburg, Tel. (0761) 28 12 51

Existenzgründerkonzept Textil- & Modehandel

Ausland:

Segundamano

Callao 1014, 1023 Buenos Aires, Argentinien

Primeiramao

Monteiro 949, 1441 Sao Paulo, Brasilien

Den Bla Avis

Melnungsgatan 6, DK-2200 Kopenhagen, Dänemark

Loot

24 Kilburn Road, GB-London NW6 5UJ, England

Porta Portese

Pro. Maggiore 95, I-00185 Roma, Italien

Secondamano

Rip. Ticinese 19, I-20143 Milano, Italien

The Bargain Finder

107 Avenue, Edmonton, Toronto T5H 0X6, Canada

The Bargain Finder

5901 Street, Calgary, Toronto T24 1K3, Canada

Buy & Sell

5791/3.R., Richmond, Vancouver V6X 2C9, Canada

Trade & Exchange

Existenzgründerkonzept Textil- & Modehandel

44 Mayfair Place, Auckland, Neuseeland

Wiener Basar

Postfach 1041, A-1041 Wien, Österreich

Inseraten-Markt

Sihlfeldstrasse 93, CH-8004 Zürich, Schweiz

Cerca & Trova

Via Vontebre 12, CH-6900 Lugano, Schweiz

Gula Tidningen

Hudiksvallsgatan 8, S-11 33 Stockholm, Schweden

Segundamano

Pso. Acacias 3, Valencia 583, E-Barcelona, Spanien

Damit die Herausgeber wenigstens am Kauf etwas verdienen, werden in den meisten Fällen nur kostenlose Anzeigen akzeptiert, wenn sie auf Bestellscheinen aus den jeweiligen Blättern erfolgen.

Folgende Publikationen bringen nur kostenlose Wohnungs- oder Verschenkanzeigen:

AZ-Andere Zeitung

Schleusenstr. 17, 60327 Frankfurt

Bremer Blatt

Humboldtstr. 56, 28203 Bremen

Guckloch

Schäferstrasse 10, 44623 Herne

Existenzgründerkonzept Textil- & Modehandel

Münchner Stadt-Zeitung

Münchner Freiheit 20, 80802 München

Plärrer/Stadtmagazin

Singerstr. 26, 90443 Nürnberg

Pupille

Ludwigstrasse 8a, 97070 Würzburg

De Schnüss

Wilhelmstrasse 3, 53111 Bonn

Stadt Revue

Zugweg 10, 50677 Köln

Tango, Hamburger Stadtillustrierte

Gr. Elbstrasse 84, 22767 Hamburg

Tip, Berlin-Magazin

Potsdamer Str. 89, 10785 Berlin

Der Tip

Daimlerstrasse 12, 57072 Siegen

Tips, Illustriertes Stadtmagazin

Strengerstr. 20, 33330 Gütersloh

Zitty, Illustrierte Stadtzeitung

Schlüterstr. 39, 10629 Berlin

Computer-Flohmarkt

Existenzgründerkonzept Textil- & Modehandel

Postfach 66, 75433 Maulbronn (Privat-Gratisinserate aus dem Bereich Computer, Hard- und Software etc.)

Einige der hier und früher aufgeführten Werbe-Publikationen enthalten u.a. auch Anschriften anderer Zeitschriften mit kostenlosem Anzeigenraum sowie Hinweise auf Einkaufsgemeinschaften, Verbraucherklubs und solche Vereinigungen, die sich gegebenenfalls für Ihre Werbung interessieren. Merke: Je mehr Kontakte Sie knüpfen, desto grösser wird das Netz derer, die Sie empfehlen und weitervermitteln können.

7. Die 7 Schritte zum Geld. Wie Sie in kürzester Zeit ein Top-Geschäft aufbauen

Nachdem wir nun alle wichtigen Schritte zu Ihrer Existenz durchgesprochen haben, könnte ich dieses Buch beenden. Doch ich möchte an dieser Stelle noch ein Kapitel anhängen. Und zwar ein Kapitel, dass ich bei vielen Fachbüchern vermisst habe.

Ein präziser, sofort durchführbarer Stufenplan, der noch einmal alle wichtigen Punkte aufgreift und diese in eine chronologisch richtige Reihenfolge bringt. Kurz gesagt, ein Plan, den Sie ganz einfach abarbeiten können und der Sie direkt zum Erfolg führt.

Genau das bekommen Sie hier. Der Stufenplan ist auf einen Zeitraum von ca. drei Wochen ausgelegt. Natürlich ist diese Zeit nicht allgemeingültig, denn Faktoren wie z.B. Waren-Lieferzeiten oder Kreditverhandlungen können sie individuell beeinflussen.

Es ist daher nicht schlimm, wenn es bei Ihnen ein paar Tage länger dauert. Ich kann Ihnen versichern: Sobald Sie den Plan vollständig abgearbeitet haben, werden Sie das erste Geld verdienen! Los geht´s – hier kommt der Plan:

Schritt 1 - Vorbereiten der Existenzgründung

In der ersten Stufe bereiten Sie alle Details für die Firmengründung vor. Dazu gehören:

- <u>Wahl der Rechtsform:</u> Wählen Sie die für Sie geeignete Firmen-Rechtsform aus. Wahrscheinlich wird nur eine

Einzelunternehmung oder GbR (Gesellschaft bürgerlichen Rechts) in Frage kommen.

- Businessplan: Falls Sie Kredite oder staatliche Zuschüsse in Anspruch nehmen wollen, brauchen Sie einen Businessplan. Besorgen Sie sich diesen wie beschrieben und passen ihn an Ihre Verhältnisse an.

- Kredite: Mit diesem Businessplan sollten Sie bei Ihrer Hausbank vorstellig werden und sich über die verschiedenen Möglichkeiten zur Kapitalbeschaffung (Kredite oder staatliche Fördermittel) beraten lassen. Übrigens: Ein guter Bankberater drängt Sie nicht zu einer Entscheidung, sondern lässt Ihnen genügend Bedenkzeit.

- Firmenname: Wie bereits beschrieben, haben Sie hier bei der Einzelunternehmung oder GbR keinen großen Freiraum. Dennoch sollten Sie sich überlegen, welchen Zusatz Sie eventuell zu Ihrem Namen wählen (Hans Müller Versand; Internethandel Hans Müller), da dieser bei der Gewerbeanmeldung angegeben werden muss.

- Bezeichnung der Tätigkeit: Auch diese muss bei der Anmeldung Ihres Gewerbes angegeben werden. Am besten, Sie überlegen sich mehrere Alternativen, falls der Beamte mit einer nicht einverstanden ist. Beispiele für Händler: „Handel mit erlaubnisfreien Waren aller Art", „Versandhandel über Internet", „Online-Versand für ..."

Schritt 2 – Die Gewerbeanmeldung

Wie bereits erwähnt, ist die Gewerbeanmeldung schnell erledigt. Gehen Sie zu Ihrer Stadt- bzw. Gemeindeverwaltung (evtl. vorher telefonisch nach Ort und Öffnungszeiten fragen), und sagen Sie dem Beamten, dass Sie ein Gewerbe anmelden möchten. Alles weitere wird der Sachbearbeiter Ihnen erklären. Vergessen Sie nicht, Ihren Personalausweis und ca. 20 – 40.- Euro Bargeld

Existenzgründerkonzept Textil- & Modehandel

---

mitzunehmen. Denken Sie auch unbedingt daran, das Gewerbe nicht rückwirkend anzumelden.

Schritt 3 – Kontakt zu Lieferanten / Warenbestellung

Nachdem die Gründungsformalitäten soweit geklärt sind, ist es nun an der Zeit, Kontakte zu Händlern bzw. Herstellern aufzunehmen und die ersten Waren oder Hilfsmittel für Ihr Geschäft zu bestellen.

Suchen Sie sich die gewünschten Unternehmen aus den beiliegenden Bezugsquellen oder dem Internet raus, Sie können zunächst mittels einer großen Internet-Suchmaschine nach entsprechenden Webseiten forschen. (im Verzeichnis sind keine URL´s angegeben, weil diese sich ständig ändern.)

Auch wenn Sie eine reine Dienstleistung anbieten, müssen Sie sich vorher mit den nötigen Büromaterialien und Hilfsmitteln wie z.B. Buchhaltungssoftware etc. eindecken. Dazu wenden Sie sich am besten an spezialisierte Versandhandelsunternehmen wie Viking, Office Discount oder Büro Plus. Die entsprechenden Internetadressen sind mit jeder Suchmaschine schnell zu finden. Generell müssen Sie bei diesen Firmen zunächst Ihren Gewerbeschein vorlegen, bevor Sie zu Händlerkonditionen einkaufen können.

Für alle, die Waren an Endkunden vertreiben gilt: Nachdem Sie sich mit den Lieferkonditionen des jeweiligen Händlers vertraut gemacht haben, können Sie mit dem Bestellen loslegen. Achten Sie aber darauf, keine zu große Anzahl eines Produktes zu bestellen, das ist zu risikoreich für den Anfang. Bestellen Sie lieber kleine Mengen von vielen verschiedenen Produkten. Sobald sich etwas gut verkauft, könne Sie immer noch größere Mengen nachbestellen. Achten Sie außerdem auf die Lieferzeiten, sie sollten nicht zu lang sein.

Schritt 4 – Vorbereiten Ihrer Angebote

Egal, ob Sie Dienstleistungen oder Produkte anbieten – die entsprechenden Angebote müssen Sie auf jeden Fall vorbereiten. Achten Sie dabei auf die Hinweise in Kapitel 4.

Für Dienstleister empfiehlt es sich, in Zusammenarbeit mit einer professionellen Werbeagentur ansprechendes Prospektmaterial erstellen und drucken zu lassen. Das ist gar nicht so teuer, wie es sich vielleicht anhört, macht sich aber auf jeden Fall bezahlt.

Verkäufer von Waren sollten auf jeden Fall Angebote vorbereiten, die daraufhin im Internet platziert werden. Aussagekräftige Angebotstexte und Artikelfotos bekommt man meistens vom jeweiligen Produkthersteller kostenlos gestellt. Also einfach mal nachfragen.

Wer seine Dienstleistung oder Ware in Wochenzeitungen oder speziellen Fachzeitschriften anbieten will, sollte sich mit der entsprechenden Anzeigenabteilung in Verbindung setzen. Dort erfahren Sie alles über die Preise und Möglichkeiten der Anzeigengestaltung.

Schritt 5 – Homepage / Webshop erstellen

Nachdem Ihre Angebote vorbereitet sind, können Sie sich daran machen, eine eigene Homepage und/oder einen Webshop zu erstellen. Nutzen Sie dabei die Links und Hinweise aus Kapitel 4.

Vergessen Sie nicht, nach getaner Arbeit Ihre Website bzw. den Shop in möglichst viele Suchmaschinen und Linklisten eintragen zu lassen. Mit den Artikelbildern für Ihren Webshop verfahren Sie genauso, wie in Schritt 4 beschrieben, dann sollte es keine Schwierigkeiten geben.

Wer sich die Arbeit sparen will, eine Homepage oder einen Shop selbst zu erstellen, kann das natürlich auch an einen entsprechenden Dienstleister abgeben. Die Preise sind oft erstaunlich günstig.

Schritt 6 – Weitere Werbemaßnahmen einleiten

Als frischgebackener und stolzer Besitzer einer Homepage mit Webshop sollten Sie weiter kräftig die Werbetrommel rühren, um einen großen Käuferkreis zu erschließen.

Nutzen Sie die Tipps und Hinweise zu Gratiswerbung und Direktmarketing. Sie brauchen für den Anfang natürlich noch keinen ganzen Katalog mit Ihren Waren oder Dienstleistungen zu erstellen. Ein einfaches Faltblatt reicht auch schon aus. Sie können Firmen ansprechen, die diese Werbeblätter zusammen mit den eigenen Sendungen verschicken. Natürlich können Sie sich auch selbst die Mühe machen und sie Blätter in Ihrer Stadt verteilen.

Wenn Ihr Geschäft ortsungebunden ist, besteht außerdem die Möglichkeit, Adressen bei einem Adressverlag zu kaufen und Ihre Angebote an diese zu verschicken.

Schritt 7 – Der Geschäftsalltag beginnt

Nun ist es soweit, der Geschäftsalltag kann beginnen. Stellen Sie sich zunächst auf einen großen Ansturm ein, das ist am Anfang fast immer so und wird sich nach einiger Zeit normalisieren.

Falls sich ein Produkt oder eine Dienstleistung nicht gut verkauft, sollten Sie eventuell das Angebot noch einmal überarbeiten und den Artikel vielleicht auch über andere Kanäle bewerben. Schauen Sie sich im Zweifelsfall auch um, ob ein Konkurrent in der Nähe ist, der billiger als Sie arbeitet bzw. anbietet.

Wenn der Verkauf gut läuft, denken Sie in jedem Fall daran, genügend Reserven für Steuern und Versicherungen zurück zu behalten, sonst könnt es bald ein böses Erwachen geben.

Existenzgründerkonzept Textil- & Modehandel

Jetzt bleibt mir nur noch, Ihnen VIEL ERFOLG bei allen zukünftigen Geschäften zu wünschen!

www.ingramcontent.com/pod-product-compliance
Lightning Source LLC
Chambersburg PA
CBHW031426210526
45464CB00005B/2077